BIBLIOTHÈQUE DES TEXTES PHILOSOPHIQUES

Fondateur : Henri GOUHIER Directeur : Jean-François COURTINE

Auguste COMTE

DISCOURS SUR L'ESPRIT POSITIF

D0206640

NOUVELLE ÉDITION

AVEC CHRONOLOGIE, INTRODUCTION ET NOTES

PAR

Annie PETIT

PARIS

LIBRAIRIE PHILOSOPHIQUE J. VRIN

6, Place de la Sorbonne, Ve

2003

En application du Code de la Propriété Intellectuelle et notamment de ses articles L. 122-4, L. 122-5 et L. 335-2, toute représentation ou reproduction intégrale ou partielle faite sans le consentement de l'auteur ou de ses ayants droit ou ayants cause est illicite. Une telle représentation ou reproduction constituerait un délit de contrefaçon, puni de deux ans d'emprisonnement et de 150 000 euros d'amende.

Ne sont autorisées que les copies ou reproductions strictement réservées à l'usage privé du copiste et non destinées à une utilisation collective, ainsi que les analyses et courtes citations, sous réserve que soient indiqués clairement le nom de l'auteur et la source.

© *Librairie Philosophique J. VRIN,* 1995
ISBN 2-7116-1240-6

pour la présente édition

Printed in France

DISCOURS
SUR
L'ESPRIT POSITIF

CHRONOLOGIE

1798 (janvier) : Naissance de Isidore-Auguste-Marie-François-Xavier Comte

1806-1813 : Etudes secondaires comme interne au Lycée de Montpellier, où il est fort brillant. Trop jeune pour se présenter à l'examen d'entrée de l'Ecole Polytechnique, il reste une année supplémentaire au Lycée, dans la classe de mathématiques spéciales de Daniel Encontre, et il y fait office de suppléant.

1814-1816 : Comte est admis à l'Ecole Polytechnique – 1er sur l'une des quatre listes d'admission. Il est surnommé par ses camarades « le philosophe » mais aussi « Sganarelle », car s'il est brillant et méditatif, il est aussi volontiers boute-en-train. Pour les autorités de l'Ecole, il est plutôt considéré comme un élève rebelle et insubordonné. Comte est ainsi l'un des meneurs d'une manifestation des élèves contre un professeur : l'incident entraîne la fermeture de l'Ecole Polytechnique considérée comme un foyer de rébellion républicaine et bonapartiste. En avril 1816 tous les élèves sont licenciés.

1816 : Retour à Montpellier : Comte, secrétaire de l'Association des Polytechniciens dispersés, est l'objet d'une surveillance policière. Premier écrit en juin : *Mes réflexions : Humanité, Vérité, Justice, Liberté, Patrie ; Rapprochements entre le régime de 1793 et celui de 1816 adressés au peuple français* (publication posthume). Dès juillet Comte retourne à Paris. Il est question de fonder une école polytechnique aux Etats-Unis ; Comte espère un poste de professeur, travaille l'anglais et étudie l'histoire des Etats-Unis. En attendant, il vit en donnant des cours de mathématiques.

1817 : Le projet américain est abandonné en mars. Comte collabore avec Louis Hachette, un de ses anciens professeurs de mathématiques, qui lui confie une traduction. Bien qu'on ait offert aux polytechniciens licenciés la possibilité de réintégrer la fonction publique, Comte dédaigne l'occasion. Il vient de rencontrer Claude-Henri de Saint-Simon qui le prend pour secrétaire. Comte se lance avec enthousiasme dans cette carrière de publiciste. Il travaille avec Saint-Simon pour le tome III de *L'Industrie*. Dès octobre Saint-Simon a des difficultés financières, et le secrétaire n'a plus de ressources, sinon celles des leçons particulières de mathématiques. Comte reste associé de son ex-maître, en devient un ami proche.

1818-1819 : Collaboration avec Saint-Simon qui lance de nouvelles collections : *Le Politique*, puis *L'Organisateur*. Articles divers sur des sujets d'actualité : liberté de la presse, responsabilité ministérielle, loi électorale, problèmes de la propriété, etc. Plus tard Comte dédaignera ces premiers articles, les jugeant trop saint-simoniens. Comte prépare aussi un ouvrage de philosophie des mathématiques.

1820 : Publication de l'opuscule « Sommaire appréciation de l'ensemble du passé moderne » dans *L'Organisateur*. Comte proclame et réclame plus tard la paternité de cet opuscule.

1821 : Collaboration au *Système industriel* de Saint-Simon.

1822 : Publication dans le *Système industriel* du « Prospectus des travaux scientifiques nécessaires pour réorganiser la société » – Comte considérera toujours ce texte comme son « opuscule fondamental ». Ce texte devait avoir une suite, mais Comte tarde.

1824 : Sans l'accord de Comte, Saint-Simon reprend l'opuscule précédent dans son propre *Catéchisme des industriels*. Rupture entre les deux associés.

1825 : Mort de Saint-Simon. – Comte épouse civilement Caroline Massin. – Publication dans *Le Producteur* des « Considérations philosophiques sur les sciences et les savants ».

1826 : Publication dans *Le Producteur* des « Considérations sur le pouvoir spirituel ». – En avril, Comte ouvre un « Cours de philosophie positive », dans son appartement, devant un public de savants illustres – dont H. de Blainville, J. Fourier, Poinsot, Alexandre de Humboldt ... – Le cours est rapidement interrompu : surmené et déstabilisé par des déboires conjugaux, Comte a une « crise cérébrale ». Il est interné chez le Dr. Esquirol. Il regagne son domicile en décembre.

1827 : Tentative de suicide en avril. Mais, soigné avec dévouement par sa femme, Comte guérit et se remet au travail.

1828 : Comte publie une série d'articles sur des questions économiques, et fait un compte-rendu du traité de Broussais *Sur l'irritation et la folie* : ceci est pour lui l'occasion d'analyser sa crise, maintenant surmontée.

1829 : En janvier, reprise du « Cours de philosophie positive », devant un auditoire très brillant – dont le Dr. Esquirol. Publicité dans la presse. Comte atteint le grand public en reprenant son cours à l'Athénée, en décembre.

1830 : Parution, en juillet, du premier tome du *Cours de philosophie positive* – consacré aux leçons introductives et aux mathématiques. – En décembre, Comte qui est un membre fondateur de l'« Association polytechnique pour l'instruction populaire », commence un « Cours d'astronomie populaire ».

1832 : Comte obtient un poste de répétiteur d'analyse et de mécanique à l'Ecole Polytechnique. Il sollicite en vain de Guizot la création d'une chaire d'« Histoire générale des sciences » au Collège de France.

1835 : Parution, en avril, du tome II du *Cours de philosophie positive* – consacré à l'astronomie et à la physique.

1836 : Comte qui a suppléé brillamment le mathématicien Navier à l'Ecole Polytechnique, n'obtient pas sa chaire devenue vacante. Il est cependant nommé examinateur d'admission.

1838 : Parution du tome III du *Cours de philosophie positive* – consacré à la chimie et à la biologie.

1839 : Parution du tome IV du *Cours de philosophie positive* – consacré à la « physique sociale », bientôt baptisée « sociologie ».

1840 : Comte postule pour la chaire d'analyse laissée vacante à l'Ecole Polytechnique par la mort du mathématicien Poisson. Nouvel échec. Il proteste dans la presse.

1841 : Parution, en mars, du tome V du *Cours de philosophie positive* – suite des leçons de « sociologie ». Comte emménage au 10 rue Monsieur-le-Prince. – En novembre, début de la correspondance avec J. S. Mill.

1842 : Parution, en juillet, du tome VI du *Cours de philosophie positive* – suite des leçons de « sociologie ». Ce tome s'ouvre sur une « Préface personnelle » très virulente contre la « pédantocratie académique », et attaque nommément Arago – L'éditeur ajoute un « avis ». Procès de Comte à son éditeur. – Nouveaux problèmes conjugaux, et séparation définitive d'Auguste et de Caroline.

1843 : Publication, en mars, du *Traité élémentaire de géométrie analytique*. Comte n'est pas réélu examinateur à l'Ecole Polytechnique. Protestation et enquête. Comte est finalement confirmé dans ses fonctions pour un an.

1844 : Parution, en février, du *Discours sur l'esprit positif*, Discours préliminaire du *Traité philosophique d'astronomie populaire* qui paraît en septembre. – Comte est définitivement exclu de la liste des examinateurs de l'Ecole Polytechnique. – Pour résoudre les difficultés financières qui s'ensuivent, J. S. Mill suscite une souscription parmi ses amis. – Dans *Le National*, Emile Littré écrit une série d'articles pour souligner l'importance de la philosophie positive de Comte. – En octobre, Comte rencontre chez un ancien élève, Maximilien Marie, sa sœur : Clotilde de Vaux.

1845 : « L'année sans pareille » : celle de la passion de Comte pour Clotilde de Vaux.

1846 : Mort de Clotilde en avril. Comte institue un culte intime à sa mémoire.

1847 : Comte inaugure un « Cours public sur l'évolution de l'Humanité ». Il veut prolonger la philosophie positive en une nouvelle religion de l'humanité.

1848 : Comte réagit vivement à la Révolution. Dès février, il fonde une « Association libre pour l'instruction positive du peuple de tout l'Occident européen », transformée en mars en « Société positiviste ». – Rédaction et publication en juillet du *Discours sur l'ensemble* *du positivisme*, qui sera le « Discours préliminaire » du second grand traité de Comte, le *Système de politique positive*. – Comte perd aussi les revenus afférant à ses fonctions de répétiteur dans une institution privée, l'institution Laville. Littré lance une souscription pour subvenir aux besoins du maître. Le « subside positiviste » sera servi à Comte jusqu'à sa mort.

1849 : Publication du *Calendrier positiviste* en avril.

1851 : Parution, en juin, du t. I du *Système de politique positive*. – Comte perd ses fonctions de répétiteur à l'Ecole Polytechnique.

1852 : Littré est en désaccord avec les positions politiques de Comte, à propos du coup d'état et de l'installation de l'empire ; il est aussi réticent sur les orientations religieuses : il quitte dès janvier la Société positiviste. – Parution, en mai, du t. II du *Système de politique positive*. – Parution, en septembre, du *Catéchisme positiviste*.

1853 : Parution, en août, du t. III du *Système de politique positive*. – Parution en Angleterre d'une traduction condensée du *Cours de philosophie positive* par Miss Harriett Martineau.

1854 : Parution, en août, du t. IV du *Système de politique positive*, avec un « Appendice général » réunissant les principaux opuscules de jeunesse de Comte.

1855 : Parution, en août, de l'*Appel aux conservateurs*.

1856 : Parution, en novembre, du t. I de la *Synthèse subjective*.

1857 : (septembre) Mort d'Auguste Comte. Il est inhumé au Père-Lachaise.

INTRODUCTION

Le *Discours sur l'esprit positif* est publié en 1844. En février il paraît comme un petit ouvrage autonome, et Comte lui donne valeur de « manifeste » :

> En publiant à part ce discours d'une centaine de pages sous le titre propre de *Discours sur l'esprit positif*, je me suis proposé de donner une idée sommaire de la nouvelle philosophie à ceux qui ne peuvent ou ne veulent affronter la lecture de six énormes volumes, dont toutes les principales conceptions y sont rapidement indiquées, avec un caractère convenable d'unité philosophique. C'est, en un mot, une sorte de manifeste systématique de la nouvelle école [1].

Comte le lie ainsi à l'ensemble du *Cours de philosophie positive* (1830-1842) dont la publication l'a occupé si longtemps.

Mais lors même de sa parution en opuscule, le *Discours* porte sur sa couverture l'indication suivante :

> Ce discours vient d'être prononcé à l'ouverture du Cours annuel d'Astronomie populaire que l'auteur professe gratuitement, depuis 1831, à la Mairie du

1. A J. S. Mill, 6 février 1844, *Corr.*, II, p.238.

3e arrondissement de Paris : il va former le préambule philosophique de l'ouvrage didactique résulté de cet enseignement oral.

Et quelques mois plus tard, en septembre, lorsque Comte publie l'ensemble de son *Traité philosophique d'astronomie populaire*, le texte reprend sa destination de « Discours préliminaire » [1] confirmée par une « Préface ».

Cette double publication est significative. D'une part, Comte conçoit son *Discours* comme une synthèse et un instrument de propagande. D'autre part, en le liant au Cours populaire d'astronomie, il affirme son souci de vulgarisation, et précise le choix de ses alliés. Enfin, pour les deux publications, sur les pages de titre, Auguste Comte prend soin de faire suivre son nom de la mention « Auteur du *Système de philosophie positive* » : en rebaptisant ainsi le *Cours*, il confirme et développe sa volonté de systématisation.

Les circonstances de la rédaction et de la publication du *Discours sur l'esprit positif* sont donc importantes pour la compréhension des multiples enjeux du texte. L'analyse de ses thèmes directeurs doit par ailleurs permettre une compréhension générale de la philosophie positive et du « positivisme » dont Comte se veut le fondateur. Enfin, le devenir de ce texte est d'un grand intérêt.

1. La présentation typographique le souligne : « DISCOURS PRELIMINAIRE, *sur l'esprit positif* ».

I. DU *COURS* AU « MANIFESTE SYSTÉMATIQUE DE LA NOUVELLE ÉCOLE »

En 1842, Comte a enfin terminé le *Cours de philosophie positive,* travail de très longue haleine, entrepris en 1826, repris en 1829, et publié à partir de 1830. Il s'agissait d'une enquête, menée selon un parcours encyclopédique ordonné, pour comprendre comment les connaissances sont devenues des « sciences », et afin de promouvoir une science des phénomènes sociaux. En ces temps-là, Comte, comme beaucoup d'autres, s'inquiétait d'une instabilité politique chronique, des révolutions répétitives et des conflits résurgents. Après ses études à l'Ecole Polytechnique, il avait rencontré Saint-Simon, s'était enthousiasmé avec lui pour des projets de réorganisation sociale ... mais, bientôt, les avait cherchés dans d'autres directions. Pour Comte, il était inutile, ou plutôt prématuré, de proposer de nouvelles pratiques institutionnelles, qu'elles soient économiques, industrielles, politiques, etc., tant que les théories n'étaient pas sûres ; il était irréaliste de penser aux réformes concrètes et particulières, tant que les règles générales n'étaient point établies ; il était nécessaire de construire des spéculations solides avant de se lancer dans l'action. Comte s'était donc mis à chercher une véritable science qui, à partir d'une explication cohérente du passé, pût programmer un avenir ordonné. Le *Cours de philosophie positive* était cette longue propédeutique : ses soixante leçons étaient les prolégomènes à toute politique future [1]. Et pour cette science nouvelle, appelée d'abord « physique sociale », Comte avait forgé le néologisme « sociologie » [2].

Le *Cours de philosophie positive* s'adressait plutôt à un auditoire déjà formé aux sciences [3]. Or Comte croit aux vertus, mieux, aux nécessités du savoir partagé, comme condition d'une coordination idéologique harmonieuse et d'une action sociale efficace. Il l'a proclamé dès ses premiers opuscules : les *Considérations sur le pouvoir spirituel* de 1826 mettaient au premier rang des maux sociaux « la divagation complète des intelligences », qui entraîne « l'absence totale de morale publique », liée aussi à « la prépondérance accordée de plus en plus au point de vue purement matériel », ce qui pousse à la « corruption », et mène à toutes les formes

1. Il faut insister ainsi sur les enjeux relevés par Comte dans les leçons d'introduction du *Cours*, soulignant la portée sociale des « avantages généraux » attendus de son travail : « refonte générale du système d'éducation », « constituer la seule base solide de la réorganisation sociale » en formant la « doctrine sociale commune » (1re et 2e leçon, p.32-40, 58-61). Il conclut le *Cours* sur des perspectives semblables : « la philosophie positive politiquement appliquée conduira nécessairement l'humanité au système social le plus convenable à sa nature et surpassera beaucoup en homogénéité, en extension et en stabilité tout ce que le passé put jamais offrir » (60e leçon, II, p.783).

2. Le mot apparaît en 1838 – voir *Cours*, 47e leçon, II, p.88.

3. « Un cours de la nature de celui-ci exige, pour être convenablement entendu, une série préalable d'études spéciales sur les diverses sciences qui y seront envisagées. Sans cette condition, il est bien difficile de sentir et impossible de juger les réflexions philosophiques dont ces sciences seront les sujets » (*Cours*, 1re leçon, I, p.21).

d'« anarchie »[1]. Aussi en 1830, Comte s'engageait dans une Société d'instruction populaire, l'*Association Polytechnique*, dont il était un des membres fondateurs[2] ; il y proposait un « Cours élémentaire d'astronomie », gratuit, destiné au grand public et surtout aux ouvriers, en qui il exprimait sa confiance et à qui il voulait donner « le juste sentiment de leur dignité »[3]. Commencé en 1831, cet enseignement a duré dix-sept ans, jusqu'en 1847-48... Dans le *Cours de philosophie positive* Comte souligne d'ailleurs souvent combien, pour lui, l'enseignement populaire est important. Il blâme les intellectuels inconscients de leurs devoirs de diffusion des savoirs, ou qui ne s'en mêlent que pour en tirer quelque avantage de gloire, d'argent ou de pouvoir. Contre ces « sophistes » et « trafiquants de science », Comte a

1. Dans ce texte, postérieur à la rupture de Comte avec Saint-Simon (1824), Comte exprime ainsi quelques-uns de ses griefs envers son ex-associé, à qui il reprochait de faire preuve d'une philanthropie trop élitiste, et d'accorder trop de confiance à l'évolution économique et aux industriels.

2. Comte en est vice-président jusqu'en 1834.

3. Voir lettre du 14 décembre 1830, *Corr.*, I, p.218-219 : « Quoiqu'un tel cours ne puisse être aux ouvriers d'un usage immédiat, son utilité n'est pas douteuse, puisqu'il a pour but de leur donner des notions justes et nettes sur un sujet, qui, même involontairement, fixe l'attention de tous les hommes [...]. Quant à l'aptitude des ouvriers pour un enseignement de cette nature, je suis persuadé que, si l'on se dégage des préventions dérivées de nos habitudes sociales, on les trouveraient réellement mieux disposés à concevoir nettement une telle exposition que les gens du monde [...]. J'espère, d'ailleurs, qu'il excitera l'intérêt des ouvriers, et pourra éveiller en eux un juste sentiment de leur dignité par l'attrait que leur offrira un nouvel enseignement essentiellement théorique, exclusivement destiné jusqu'ici à l'usage des *messieurs* ».

des mots très durs, et il rappelle les exigences impérieuses que les savants doivent respecter dans la vulgarisation [1]. Pas question de faire de la démagogie, de procéder par « aperçus vagues et faciles » – ce qui serait mépriser le public ; mais pas question non plus de faire un « vain et puéril étalage de formes scientifiques », d'utiliser les mathématiques comme une sorte de « langue hiéroglyphique » sélective, et de masquer les savoirs sous un « lourd verbiage » ou par d'« oiseuses disputes de mots » [2]. Dans les dernières leçons du *Cours*, Comte développe la nécessité et les conditions de ce qu'il programme comme « système universel d'éducation », en insistant sur les précautions à prendre contre le « charlatanisme scientifique » [3] et sur la « principale sollicitude » particulière à « diriger habituellement vers les classes

1. « Dans un temps où l'on s'efforce chaque jour davantage de rabaisser au niveau des plus médiocres intelligences les plus hautes conceptions du génie humain, il est du devoir de tout vrai philosophe de se prononcer aussi énergiquement que possible contre cette tendance déplorable, qui finirait par pervertir, jusqu'en son germe, le développement général de l'esprit positif chez les masses, en leur persuadant que ces découvertes, qui ont coûté tant d'efforts à la série des hommes les plus éminents, étaient susceptibles d'être simplement obtenues par quelques aperçus vagues et faciles [...]. Il faut enfin que le public, pour ne pas être livré aux sophistes et aux trafiquants de science, soit profondément convaincu que, comme le simple bon sens l'indique, ce qui a été découvert par le long et pénible travail du génie, la raison ne saurait se l'approprier réellement que par une méditation persévérante » (*Cours*, 24e leçon, I, p. 380).

2. Voir par exemple *Cours*, 34e leçon, I, p.546 ; 40e leçon, I, p.731 ; 47e leçon, II, p.94 ; voir aussi 49e leçon, II, p.168-169.

3. *Cours*, 57e leçon, II, p.668-669.

inférieures »[1]. Et pour soutenir cette véritable profession de foi en la vulgarisation, il donne expressément le modèle de son Cours d'astronomie populaire :

> J'ai voulu par cet exemple, donner autant qu'il est en moi le signal anticipé de cette combinaison directe entre la puissance spéculative et la force populaire, qui doit ultérieurement déterminer la réorganisation politique, quand la raison publique sera convenablement préparée[2].

Tout ceci est lié aussi aux ennuis et déceptions accumulés par Comte à l'Ecole Polytechnique. A plusieurs reprises, il a sollicité une chaire, qu'on a donné à d'autres[3] : s'estimant lésé, il a protesté contre ces choix dictés, selon lui, par les intrigues et il a stigmatisé l'étroitesse des vues de ses collègues, leur « esprit de spécialité ». Une longue « Préface personnelle » jointe au dernier tome du *Cours* a rendu publiques ses critiques contre les « absurdes réglements » et les « coteries scientifiques » où « meneurs académiques », « pédantocrates » et « demi-intelligences » manœuvrent pour préserver leurs pouvoirs aux dépens de l'avancement et de la transmission des savoirs. L'éditeur avait joint au dernier tome du *Cours* un avis pour se désolidariser de l'auteur : tout ceci a mené au procès, que Comte a

1. Les esprits spéculatifs doivent « faciliter déjà la systématisation ultérieure de l'éducation universelle en consacrant une partie de leur activité continue à une sage propagation de l'instruction positive soit scientifique soit esthétique, chez les classes maintenant dépourvues de toute culture mentale » (*Cours*, 57e leçon, II, p.681).

2. *Cours*, 57e leçon, II, p. 681.

3. En 1835, en 1836, en 1840.

gagné [1]. Les étudiants étaient aussi intervenus auprès des autorités, et Comte se targuait également du succès de son cours populaire, dont on lui réclamait la publication [2].

Aussi, avant de se consacrer à l'autre grand ensemble d'ouvrages qu'il médite pour développer ses conceptions de sociologie et de politique, Comte décide de rédiger et publier enfin son cours d'astronomie populaire. Il voit d'abord ce travail comme une sorte de « récréation philosophique » [3]. Les circonstances le poussent cependant à transformer son texte en un véritable « manifeste ».

Depuis toujours Comte a pris soin d'exposer en quelques séances générales la portée attendue de son enseignement populaire de l'astronomie. Cependant, en 1842, ce « préambule » a déclenché une polémique :

> Vous savez que l'an dernier, les journaux religieux ont osé demandé ma destitution pour avoir annoncé la nécessité et la possibilité d'établir la morale sur des bases réelles, indépendamment de toute croyance théologique. Avec mon caractère,

1. Mais cela lui a valu des inimitiés tenaces. La réélection de Comte comme examinateur à Polytechnique rencontre de vives oppositions en 1843, mais il est réélu. En 1844, c'est la défaite. En 1848, alors que plusieurs places sont vacantes et que Comte est le premier d'une première sélection, il est éliminé. En 1851, il perd même ses fonctions de répétiteur.

2. Cf. lettres à Valat, 27 octobre 1842, à Mme Comte, 4 novembre 1842, à Mill, 5 novembre 1842, dans *Corr.*, II, p.100, 102-103, 106.

3. Il en parle aussi comme d'une « utile diversion », et même d'un « travail plutôt ennuyeux que fatigant, ou de nature à lasser plutôt mes doigts que ma tête » – *ibid.*, p.102.

> vous devinez que je vais, cette année, insister beaucoup plus fortement sur ce sujet, et traiter formellement la question qui n'était qu'accessoirement abordée [1].

De plus, Comte juge opportun, urgent même, de répondre aux défis et de se poser en chef d'école. Exprimant sa décision à J. S. Mill [2], il mêle significativement la polémique antithéologique à la prétention d'une sorte de mission éducative aux visées « morale », « mentale » et « sociale » :

> L'école positive peut se présenter bientôt comme seule propre à contenir rationnellement les aberrations subversives, dont le débordement est, à tous égards, imminent, et forcera bien à chercher un refuge mental ailleurs que dans le sot expédient d'une impuissante religiosité. Je vais avoir prochainement une occasion naturelle de mesurer nos forces à cet égard vis-à-vis des pouvoirs actuels, par la réouverture de mon cours annuel d'astronomie où je présenterai directement cet enseignement populaire comme ouvertement lié à la regénération mentale. Vous avez peut-être su que la canaille théologique avait, à ce propos, hautement demandé au gouvernement ma destitution officielle, pour y avoir proclamé la nécessité de

1. A Mme Comte, 3 décembre 1842, *Corr.*, II, p.114. Comte précise que « le ministre a été forcé d'envoyer surveiller mon cours », mais que le rapport avait en fait été « extrêmement favorable ». Comte rappelle aussi cet incident dans la « Préface personnelle » du tome VI du *Cours*. (cf. II, p.472).

2. Depuis la fin de 1841, Mill qui a fait part à Comte de sa « véritable passion intellectuelle » pour le *Cours de philosophie positive*, entretient une correspondance régulière. Par suite de désaccords grandissants, les échanges cessent en 1846.

> dégager aujourd'hui la morale de toute intervention religieuse [...]. Mon discours traitera donc en grande partie des bases finales de la moralité humaine [...]. Après avoir mentalement constitué la nouvelle philosophie, il faut bien que je m'occupe de son installation sociale, et que je m'efforce de lui faire prendre son rang avoué dans les luttes actuelles, sans la déguiser par aucune indigne concession [1].

Le cours, recommencé le 22 janvier 1843, fut pour Comte ce qu'il appelle « une petite expérience sociale », dont il se dit ravi :

> J'ai donc directement proclamé, pendant trois heures consécutives, devant quatre cents personnes, la supériorité morale du positivisme sur le théologisme, et réclamé au nom de la morale elle-même, la libre concurrence de la nouvelle philosophie avec toutes les nuances de l'ancienne, sans exciter la moindre improbation, ni la plus légère marque d'impatience ou de dissentiment, sans même qu'aucun auditeur, je crois, ait quitté la salle [2].

Comte travaille alors avec ardeur à préciser, raffermir et parfaire ce discours introductif, quitte à repousser la rédaction même du Cours [3]. Puis il se décide à faire du *Discours* une publication séparée, qui, à la fois, vaudrait comme résumé, synthèse sélective plutôt, des thèmes antérieurement exposés,

1. A J. S. Mill, 30 décembre 1842, *Corr.*, II, p.125-126.
2. A J. S. Mill, 27 février 1843, *Corr.*, II, p.139.
3. Cf. à J. S. Mill, 27 février 1843, *Corr.*, II, p.136.

et commencerait à développer les conséquences morales et sociales vers lesquelles il déplace l'attention.

II. UNE SÉLECTION ET UN PROGRAMME

La structure du *Discours* est claire, conforme au bref sommaire que Comte lui-même donne en trois points au tout début du texte.

1 – La première partie – « Considérations fondamentales sur la nature et la destination du véritable esprit philosophique » – présente surtout la synthèse philosophique générale. Cette partie est fort étendue (jusqu'au § 38 [1]) et tire les leçons des longues analyses du *Cours*, mais en les réorganisant.

Comme dans le *Cours*, Comte commence par présenter sa « grande loi » sur « l'entière évolution intellectuelle de l'humanité » selon la succession de « trois états théoriques différents ». Cependant, l'exposé du *Discours* est beaucoup plus étoffé. D'une part, pour chacun des « états » sont distinguées des « formes » ou « phases », qui n'avaient été précisées que dans les leçons de sociologie du *Cours* (§ 4-12 et § 26-27). D'autre part, Comte évoque volontiers à côté des « motifs intellectuels » les « nécessités sociales » qui font advenir et disparaître les premiers états (§ 5, 7-8), puis, dans son appréciation de l'esprit positif, il complète celle des aptitudes spéculatives par celle des avantages pour la vie active (§ 21-24) sur quoi le *Cours* était plus discret. Ainsi, dès cette partie, Comte entrelace étroitement à la présentation des

1. Sur le découpage du texte en §, voir, *infra*, notre Note sur la présente édition.

aspects « mentaux » de l'esprit positif les considérations sur ses visées sociales.

Par ailleurs, ce que Comte appelle « cette admirable condensation de formules » qui offre, à partir d'une série d'oppositions, la liste des caractéristiques du « positif » (§ 30-33), est sans doute un des textes les plus importants de Comte. Où l'on soulignera aussi, sous l'expression catégorique des contrastes – réel / chimérique ; utile / oiseux ; certain / indécis ; précis / vague ; organique / destructif ; relatif / absolu – un certain pragmatisme de Comte, soucieux de nos possibilités, de nos besoins, de notre efficacité, bref, le philosophe, tout en proclamant sa volonté de « systématisation », s'efforce de ne point être d'un dogmatisme étroit.

L'insistance sur les rapports entre l'esprit positif et « le bon sens universel » ou « premiers exercices pratiques de la raison humaine » (§ 34-36) relève des mêmes préoccupations : il s'agit pour Comte d'ancrer le « systématique » dans le « spontané », de valoriser les aptitudes du vulgaire que trop de prétentieux savants méprisent au lieu d'y reconnaître les sources et les alliés de l'esprit positif.

2 – La seconde partie du *Discours* – « appréciation sommaire de l'extrême importance sociale que présente aujourd'hui l'universelle propagation des principales études positives » – est plus programmative, plus actualisée, et les préoccupations exprimées sont cette fois explicitement sociales.

Les analyses de la situation politique suivent d'assez près celles des derniers tomes du *Cours*. Comte y avait déjà posé l'existence de l'« école positive » qui devait dépasser les impuissances symétriques des « rétrogrades » et des « révolutionnaires ». Et bien qu'il ait d'abord proclamé une certaine réserve [1], Comte avait de plus en plus médité les moyens d'une efficace propagation [2]. Le *Discours* confirme et renforce ces engagements, avec une insistance nouvelle sur l'importance de la morale et la valeur de l'esprit positif en ce domaine (à partir du § 47). Cela s'ébauchait dans le *Cours*, en liaison avec les analyses des « conséquences » attendues de la systématicité positive : dès la 58e leçon, Comte avait présenté comme le « conflit fondamental » à surmonter celui de la philosophie naturelle et de la philosophie morale, et il disait indispensable « l'entière prépondérance de la morale » [3] ; la 59e leçon se terminait même par l'annonce de l'« universelle domination de la morale » [4]. Ceci est, dans le *Discours,* pris explicitement en charge comme visée, but essentiel de la nouvelle philosophie. Et la concurrence s'exprime sans détour : dans la disqualification du « théologisme » en ces matières, Comte semble même oublier le relativisme des appréciations énoncées quant aux nécessités mentales transitoires. Ici l'esprit théologico-métaphysique est « dangereux », « nuisible », « désastreux », moult fois « funeste »... Et Comte

1. Cf. *Cours*, 46e leçon, II, p.79, note : « La nouvelle philosophie sociale doit se garantir soigneusement de la tendance trop commune aujourd'hui, qui la porterait à se mêler activement au mouvement politique proprement dit [...] où elle ne doit intervenir qu'en remplissant sa mission générale de haut enseignement ».

2. Voir surtout 57e et 60e leçons.

3. *Cours*, 58e leçon, II, p.714-715.

4. *Cours*, 59e leçon, II, p.769.

emploie tout un vocabulaire scientifique pour décrire, traduire la positivité attendue et étendue à la morale, puisqu'il la dit susceptible d'« irrécusables démonstrations », ses règles exprimables en « corollaires » et ses « conclusions aussi certaines que celles de la géométrie » (§ 53). En tout cas, « moraliser » tout et tous, est le but suprême de la positivité systématique.

Un autre point capital de ce programme moral du *Discours* est la promotion du « nous » (§ 55) lié à la critique sévère de la recherche des intérêts individuels et personnels. La morale comtienne est une morale collective, où le privé s'efface devant le public et où l'homme n'a de sens que pour l'humanité.

Le pas est vite franchi de cette morale sociale au programme politique. Où l'important est de retrouver l'alliance décidée de Comte avec la sagesse vulgaire et sa méfiance réitérée envers les savants, dont il avait cru pouvoir faire, dans sa jeunesse, les guides de toute positivité. Non seulement Comte s'en détourne ; il les voit même comme obstacles à la véritable diffusion des doctrines positives. Ce déplacement des alliances, commandé par les déboires personnels de Comte avec ses collègues, procède aussi d'une idéalisation, quelque peu condescendante, du « peuple » et des « prolétaires ». Ils restent des êtres de désir et d'instinct, dont l'innocence et la disponiblilité sont exaltées non sans ambivalences, et sont à encadrer (§ 57-67). Mais enfin, les « prolétaires » sont devenus pour Comte ceux qui doivent « servir de principal point d'appui » à la nouvelle philosophie [1].

1. A J. S. Mill, 1er mai 1844, *Corr.*, II, p.230.

3 – La troisième partie du texte – « application spéciale de ces principes à la science astronomique ». – est celle qui introduit plus précisément le *Traité* dont le *Discours* est le préambule.

Faut-il cependant la dire « spécialisée » ? De fait, il y est question de rien moins que de l'établissement de l'échelle hiérarchique des sciences installée dans les leçons préliminaires du *Cours*. Où l'on retrouve le souci d'articuler l'ordre « dogmatique » sur l'ordre « historique » (§ 69) ; où l'on retrouve aussi les critères qui organisent le classement et l'insistance de Comte sur les liaisons des échelons ordonnés (§ 70, 73). De plus, l'aspect « synthétique » du *Discours* se traduit aussi par les regroupements de sciences (§ 75) esquissées seulement dans les dernières leçons du *Cours* [1].

Cependant, quelques déplacements ne manquent pas d'intérêt. Par exemple, l'équilibre, l'harmonie, entre les deux modes de présentation est ici plus fermement établi que dans le *Cours*, où l'ordre dogmatique était privilégié et l'ordre historique plutôt réservé aux « considérations incidentes ». On peut même dire que le *Discours* est moins « dogmatique ».

Quant à la classification elle-même, elle est assez nettement corrigée. Si Comte reprend la division nécessaire de la philosophie naturelle « en deux grandes branches, l'une organique, l'autre inorganique » (§ 71) et l'insertion finale de la science mathématique au « début de ce vaste ensemble »

1. Cf. *Cours*, 58e leçon, II, p.700-701.

(§ 72), comme la « philosophie naturelle » est dite « destinée à préparer la philosophie sociale », celle-ci est comme hors-classe, mise à part. De plus, lorsque Comte établit la succession des études de la première division, après l'astronomie, il mentionne la chimie et la biologie, la physique n'est introduite qu'après coup (§ 71-72) : ce qui confirme un déclin du modèle physique, déjà repérable dans le *Cours*, et aussi l'accent mis sur l'histoire, puisque l'ordre astronomie – chimie – physique – biologie est dans le *Discours* justifié par les renvois historiques, leur « essor initial respectif » étant référé à « l'antiquité grecque », « au Moyen Age », « sous Galilée », et « à l'époque moderne ». Enfin, la coordination successive des sciences est dans le *Discours* clairement subordonnée à une science générale « unique » qui les englobe toutes : « celle de l'humanité » (§ 70).

Ainsi, la redistribution des thèmes du *Cours* dans le *Discours* est significative d'une réorientation des visées de la philosophie comtienne.

Avec l'insistance mise sur une mission d'éducation, à vocation d'abord « populaire », mais pour instaurer surtout une « éducation universelle », la réflexion disons « épistémologique » s'engage délibérément vers l'action socio-politique.

Par ailleurs, par sa protestation contre ceux qui s'octroient la seule autorité morale, et par les principes concurrents dont il affirme la seule efficacité, Comte en vient à poser la philosophie positive comme canditate à une religion repensée. C'est dans le *Discours* que Comte use pour la première fois – et d'ailleurs une seule fois – d'une majuscule pour désigner l'Humanité, et pour proposer de la substituer à la « conception » de Dieu. Et encore le fait-il en considérant que la « notion d'Humanité » doit « constituer une pleine systématisation mentale » (§ 20). Cependant, le sens de la concurrence s'infléchit lorsque, à propos de la visée morale, Comte oppose franchement la très naturelle morale positive aux « injonctions surnaturelles » de toutes les autres religions (§ 50).

Le *Discours* apparait alors, par-delà la synthèse du *Cours de « philosophie positive »*, porteur de bien des développements futurs du « positivisme ».

III. Le devenir du texte

Après sa publication, le texte qui servait de préambule au Cours d'astronomie populaire n'a cessé de s'amplifier : en 1845, Comte lui consacre six séances [1] ; en 1846, il en prévoit huit, puis neuf, et en fait douze [2]. Comte pense aussi à transformer son Cours, pour le consacrer tout entier à un Cours populaire de philosophie positive. En août 1847, Comte annonce pour l'année suivante un « Cours philosophique sur l'histoire générale de l'Humanité », et il fait de cette décision le début de ce qu'il appelle sa

1. Cf. lettre à J. S. Mill, 28 février 1845, *Corr.*, II, p.334.

2. Cf. lettre à J. S. Mill, 6 mai 1846, 3 septembre 1846 : *Corr.*, IV, p.7 et 36.

« deuxième carrière » : celle qui développe la philosophie positive en « positivisme religieux » [1].

En 1848, Comte réagit vivement et aussitôt aux événements révolutionnaires. Dès le 25 février, il fonde une *Association libre pour l'instruction positive du peuple* qu'il transforme une dizaine de jours plus tard en *Société positiviste*. La solidarité des membres doit se traduire par l'adhésion à des principes et textes de base : il doivent au moins connaître et « adopter pleinement » les thèses du *Discours sur l'esprit positif* [2]. Si l'enseignement reste une des préoccupations premières de la *Société*, on y traite de problèmes politiques beaucoup plus généraux – la question du travail, les formes d'un gouvernement révolutionnaire, le plan d'une Ecole positive, etc. En août 1848, Comte publie un *Discours sur l'ensemble du positivisme* résultat des reprises amplifiées du *Discours* de 1844, et conclut sur la promotion d'un « culte de l'Humanité ». En 1851, Comte reprend le *Discours* de 1848 comme « Discours préliminaire » de son second grand traité, le *Système de politique positive*, avec de légères modifications : en particulier, il passe clairement de l'institution du « culte » de l'Humanité, à ce qu'il

1. Voir l'autobiographie retracée par Comte dans la « Conclusion totale » du *Système de politique positive*, et la « Préface » du *Catéchisme positiviste*. Il faut aussi rappeler la très grande importance de ce que Comte appelle « l'année sans pareille », celle de son amour pour Clotilde de Vaux, rencontrée fin 1844 et décédée en 1846. Comte lui attribue le mérite de l'avoir arraché aux risques du « dessèchement spéculatif » et de l'avoir rendu plus sensible aux problèmes concrets et affectifs.

2. Cf. le texte fondateur dans *Corr.*, IV, Annexes, p.269.

appelle délibéremment une nouvelle « Religion » de l'Humanité.

* * *

En suivant ces étapes rapidement évoquées, on voit donc la place centrale que le *Discours sur l'esprit positif* tient dans l'œuvre comtienne. Il est l'aboutissement de l'immense parcours encyclopédique qu'est le *Cours de philosophie positive,* il le synthétise, mais aussi l'infléchit. Il est le préambule d'un autre Cours, spécialisé celui-là, et destiné à un autre public ; et il finit par supplanter le *Traité d'astronomie populaire* qu'il introduit. Il est aussi la matrice d'un autre *Discours*, qui lui-même est la matrice d'un autre gros *Système.*

Il est ainsi une étape, mais il marque également un tournant. Si le *Discours sur l'esprit positif* engendre le *Discours sur l'ensemble du positivisme*, la différence des titres doit être soulignée : du « positif » au « positivisme », s'organise ce dont Comte ne cesse de décrire le passage dans le *Discours* de 1844, l'articulation du « spontané » et du « systématique ».

La « philosophie positive » est le produit de l'« esprit positif » qu'elle consolide en même temps. Comte s'en donne à la fois comme l'héritier, le porte-parole et l'organisateur ; mais il se veut le fondateur du « positivisme » : il forge le mot, et veut systématiser la chose :

> Le positivisme se compose essentiellement d'une philosophie et d'une politique, qui sont nécessairement inséparables, comme constituant l'une la

base et l'autre le but d'un même système universel [1].

La lecture du *Discours sur l'esprit positif* en appelle donc d'autres.

Annie PETIT
Université Blaise-Pascal
Clermont-Ferrand

1. *Système*, I, *Discours*, p.2

NOTE SUR LA PRÉSENTE ÉDITION

Le texte reproduit ici est celui de l'édition originale de Comte, publié en 1844. Après avoir donné un bref sommaire au début du texte, Comte y divise son texte en paragraphes, sans aucune indication typographique particulière.

En 1898, pour célébrer le centenaire de la naissance d'Auguste Comte, ses disciples ont entrepris la réédition de ses principaux ouvrages. La nouvelle publication du *Discours sur l'esprit positif*, établie par Emile Antoine, diffère assez nettement du texte original : alinéas numérotés, nombreux titres et sous titres insérés, termes soulignés ou nantis de majuscules. Un « Avertissement de l'éditeur » justifiait ces modifications pour faciliter la compréhension du texte, et exposait une « Table analytique » détaillée. Par la suite, cette édition fut souvent reprise, et présentée comme « édition classique » en 1914. Le texte proposé jusqu'ici par la Librairie philosophique J. Vrin reprenait cette édition.

La présente édition conserve la numérotation des alinéas, bien qu'elle ne soit pas de Comte. Elle permet en effet d'utiliser l'ancienne « Table analytique » (qu'on trouvera reproduite à la fin du volume), et fournit des repères plus aisés. Mais pour le reste, nous sommes revenus à l'édition originale, pour plusieurs raisons.

D'abord, parce que la multiplicité des intertitres disperse l'attention, et risque même de masquer l'enchaînement « systématique » des idées.

Ensuite, parce que ce plan est loin d'être formellement satisfaisant : l'articulation des points 1, 2, 3, etc., aux sous-parties I, II, III, etc., découpées dans les « chapitres » n'est pas claire – voir ainsi le plan du « chapitre deuxième » de la « deuxième partie », où un point 1 est séparé d'un point 2 par un I, puis le III est composé d'un 1 solitaire... ; voir aussi le « chapitre troisième » de cette même « deuxième partie » ; ou encore le point II du « chapitre deuxième » de la « Troisième partie ».

Ensuite, et surtout, parce que le plan ajouté en 1898 ne respecte guère en fait celui que Comte lui-même donnait dans son sommaire – d'ailleurs éliminé de l'édition de 1898. Comte indiquait trois parties : « Considérations fondamentales sur la nature et la destination du véritable esprit philosophique ; appréciation sommaire de l'extrême importance sociale que présente aujourd'hui l'universelle propagation des principales études positives ; application spéciale de ces principes à la science astronomique, d'après sa vraie position encyclopédique ». Or, si la première partie de l'édition de 1898, intitulée « Supériorité mentale de l'esprit positif », correspond assez bien à l'ordonnance du sommaire comtien, les autres ont été redistribuées. Ainsi les problèmes sur l'« application à l'enseignement spécial de l'astronomie », sont mises en « Conclusion ». Et, alors que la deuxième partie du sommaire de Comte était présentée prudemment comme un militantisme de formation théorique, elle se trouve en 1898 subdivisée en deux parties dont les intitulés sont d'un militantisme politique beaucoup plus net : « Supériorité sociale de l'esprit positif » et « Conditions d'avénement de l'Ecole Positive – Alliance des prolétaires et des philosophes ». L'aspect programmatif du *Discours* de 1844 s'en trouve quelque peu estompé, car en 1898 la Troisième République est bien installée, le positivisme en est même pour ainsi dire la philosophie officielle [1].

Par ailleurs, les termes soulignés ou rétroactivement nantis de majuscules biaisent également la lecture. Ceci est particulièrement net pour la majuscule systématiquement ajoutée au terme « Humanité », alors que Comte ne l'utilise pas encore en 1844 – une fois seulement – et que cet usage ne devient constant que lors des développements du positivisme religieux, après 1847

Ainsi l'édition de1898 infléchit l'interprétation : le disciple sait comment s'est développée après 1844 la pensée et l'œuvre du maître, et il fait des projections rétrospectives.

Conformément à l'usage, les notes de Comte sont appelées par des astérisques, et les nôtres par des numéros.

1. Rappelons le rôle important de Littré – et le succès de sa revue *La Philosophie positive*, fondée en 1867 (Littré avait été aussi reçu franc-maçon dans la même loge et le même jour que Jules Ferry). Pierre Laffitte, successeur du positivisme orthodoxe, a fondé une autre revue en 1878, *La Revue Occidentale* ; il avait été autorisé à donner ses Cours en Sorbonne, et ses amis républicains avait demandé et obtenu pour lui en 1892 la création d'une chaire d'Histoire générale des sciences au Collège de France.

ÉDITIONS DE RÉFÉRENCE UTILISÉES ET ABRÉVIATIONS

— *Ecrits de jeunesse*, Coll. « Archives Positivistes », Paris, Mouton, 1970 (cité *E.J.*).

— *Cours de Philosophie Positive* (1830-1842), Paris, Hermann, 2 t., 1975 (cité *Cours*, avec le n° de la leçon, et tomaison I ou II).

— *Traité philosophique d'astronomie populaire* (1844), coll. « Corpus philosophique », Paris, Fayard, 1985.

— *Système de Politique Positive* (1851-1854), Paris, Anthropos, 4 t., 1970 (cité *Système*, avec le n° du tome) – le « Discours préliminaire » du *Système* reproduit avec très peu de modifications le *Discours sur l'ensemble du positivisme* publié en 1848 (cité ici *D.P.*).

— *Catéchisme Positiviste* (1852), Paris, Garnier-Flammarion, 1966 (cité *Catéchisme*).

— *Correspondance générale et Confessions*, 8 tomes, Paris, Vrin, Coll. « Archives Positivistes », publiés de 1973 à 1990 (cité *Corr.*).

— Les œuvres de jeunesse citées ici sont : *Sommaire appréciation de l'ensemble du passé moderne*, 1820 (citée *Appréciation*) ; *Plan des travaux scientifiques nécessaires pour réorganiser la société*, 1822/24 (cité *Plan*) ; *Considérations philosophiques sur les sciences et les savants*, 1825 (cité *C.P.S.S.*) ; *Considérations sur le pouvoir spirituel*, 1826 (cité *C.P.S*). ; nous les citons d'après leur réédition dans l'« Appendice Général » du *Système*, tome IV (pagination propre à l'Appendice).

DISCOURS

SUR

L'ESPRIT POSITIF,

PAR M. AUGUSTE COMTE,

Auteur du *Système de Philosophie positive.*

(Ce Discours vient d'être prononcé à l'ouverture du Cours annuel d'Astronomie populaire que l'auteur professe gratuitement, depuis 1831, à la Mairie du 3e arrondissement de Paris : il va former le préambule philosophique de l'ouvrage didactique résulté de cet enseignement oral.)

PARIS.

CARILIAN-GOEURY ET Vor DALMONT, ÉDITEURS,

ÉDITEURS DE LA GÉOMÉTRIE ANALYTIQUE, PAR M. AUG. COMTE, DES NOUVELLES ANNALES DE MATHÉMATIQUES, ETC., ETC.

QUAI DES AUGUSTINS, 39 ET 41.

Février 1844.

DISCOURS SUR L'ESPRIT POSITIF

Considérations fondamentales sur la nature et la destination du véritable esprit philosophique : appréciation sommaire de l'extrême importance sociale que présente aujourd'hui l'universelle propagation des études positives : application spéciale de ces principes à la science astronomique, d'après sa vraie position encyclopédique

<1> L'ensemble des connaissances astronomiques, trop isolément considéré jusqu'ici, ne doit plus constituer désormais que l'un des éléments indispensables d'un nouveau système indivisible de philosophie générale, graduellement préparé par le concours spontané de tous les grands travaux scientifiques propres aux trois derniers siècles, et finalement parvenu aujourd'hui à sa vraie maturité abstraite [1]. En vertu de cette intime

1. Ce « nouveau système indivisible de philosophie générale » a été établi par Comte dans son *Cours de philosophie positive* (1830-1842) – ce que disait bien l'« Avertissement de l'auteur » : « J'emploie le mot 'philosophie' dans l'acception que lui donnaient les anciens et plus parti-

connexité, très peu comprise encore, la nature et la destination de ce traité [1] ne sauraient être suffisamment appréciées, si ce préambule nécessaire n'était pas surtout consacré à définir convenablement le véritable esprit fondamental de cette philosophie, dont l'installation universelle doit, au fond, devenir le but essentiel d'un tel enseignement [2]. Comme elle se distingue principalement

culièrement Aristote, comme désignant le système général des conceptions humaines, et en ajoutant 'positive', j'annonce que je considère cette manière spéciale de philosophie qui consiste à envisager les théories, dans quelque ordre d'idées que ce soit, comme ayant pour objet la coordination des faits observés ». A partir de 1844 Comte préfère d'ailleurs désigner son *Cours* comme *Système de philosophie positive*, ce qu'indiquent les pages de titre de ses publications ultérieures : « par M. Auguste Comte, auteur du *Système de philosophie positive* » ; ce nouvel intitulé est repris à la fin de ce paragraphe. Le souci de lier « l'ensemble des connaissances » est un leitmotiv de Comte depuis ses premières œuvres : voir le *Plan* de 1822, et les *Considérations* de 1825 et de 1826. La nécessité d'établir solidement les connaissances générales, théoriques, abstraites, avant d'entreprendre des recherches spéciales, appliquées, et pratiques, en particulier avant toute entreprise concrète de regénération sociale et politique, est aussi constamment affirmée par Comte : cf. surtout *Cours*, 2e leçon.

1. Il s'agit du *Traité philosophique d'astronomie populaire* dont ce *Discours* devait être le « Discours préliminaire ».

2. A comparer avec les enjeux des 1re et 2e leçons du *Cours* où Comte lie ses ambitions intellectuelles – faire un

par une continuelle prépondérance, à la fois logique et scientifique, du point de vue historique ou social, je dois d'abord, pour la mieux caractériser, rappeler sommairement la grande loi que j'ai établie, dans mon *Système de philosophie positive*, sur l'entière évolution intellectuelle de l'humanité [1], loi à laquelle d'ailleurs nos études astronomiques auront ensuite fréquemment recours.

<2> Suivant cette doctrine fondamentale, toutes nos spéculations quelconques sont inévitablement assujetties, soit chez l'individu, soit chez l'espèce, à passer successivement par trois états théoriques différents, que les dénominations

bilan ordonné des acquis positifs – à des visées plus générales – refondre le système d'éducation, pour permettre à la fois le progrès des sciences et de durables réformes sociales. Comparer aussi avec les dernières leçons du *Cours* où Comte ébauche les voies de la diffusion universelle de la philosophie positive et de la réorganisation politique qui doit s'ensuivre – voir surtout 57e et 60e leçons.

1. En fait, Comte a énoncé la succession des « trois états » dès 1822 dans le *Plan* – c'est d'ailleurs pour cela qu'il a toujours désigné ce texte comme son « opuscule fondamental ». L'énoncé a été promu en « loi » en 1825, dans les premières lignes des *C.P.S.S* ; puis cette « grande loi fondamentale » a été le point de départ des méditations de la première leçon du *Cours*. Comte reprend cet exposé général, avec quelques modifications, dans le *Système*, au début du tome III consacré à l'étude de la « Dynamique sociale ».

habituelles de théologique, métaphysique et positif pourront ici qualifier suffisamment, pour ceux, du moins, qui en auront bien compris le vrai sens général [1]. Quoique d'abord indispensable, à tous égards, le premier état doit désormais être toujours conçu comme purement provisoire et préparatoire ; le second, qui n'en constitue réellement qu'une modification dissolvante, ne comporte jamais qu'une simple destination transitoire, afin de conduire graduellement au troisième ; c'est en celui-ci, seul pleinement normal, que consiste, en tous genres, le régime définitif de la raison humaine [2].

<3> Dans leur premier essor, nécessairement théologique [3], toutes nos spéculations manifestent

1. La fermeté et la généralité de l'énoncé de cette loi est à souligner ; comparer avec l'énoncé du *Cours,* 1re leçon, où la loi est donnée pour « le développement total de l'intelligence dans ses diverses sphères d'activité, depuis son premier essor jusqu'à nos jours », pour « chacune de nos conceptions », pour « chaque branche de nos connaissances » et pour « chacune de nos recherches ».

2. On rencontre ici un des problèmes posés par la philosophie comtienne de l'histoire : celui du passage « graduel » à l'état « définitif », puisque Comte dit les caractères du dernier état « opposés » à ceux des précédents. Voir aussi *infra*, § 9 et 11.

3. Ne pas confondre le terme « théologique » avec celui de « religieux » : pour Comte toute religion n'est pas théologique ; d'ailleurs, la « religion positiviste » qu'il s'ef-

spontanément une prédilection caractéristique pour les questions les plus insolubles, sur les sujets les plus radicalement inaccessibles à toute investigation décisive. Par un contraste qui, de nos jours, doit d'abord paraître inexplicable, mais qui, au fond, est alors en pleine harmonie avec la vraie situation initiale de notre intelligence, en un temps où l'esprit humain est encore au-dessous des plus simples problèmes scientifiques, il recherche avidement, et d'une manière presque exclusive, l'origine de toutes choses, les causes essentielles [1], soit premières, soit finales, des divers phénomènes qui le frappent, et leur mode fondamental de production, en un mot les connaissances absolues [2]. Ce besoin primitif [3] se trouve naturellement

forcera de promouvoir à partir de 1847, est une « religion universelle de l'Humanité » qui « exclut irrévocablement tous les divers esclaves de Dieu » : voir *Système*, I, *D.P.*, « Conclusion », *Système*, II, chap. I, et *Catéchisme* « Préface ». – Les phases de l'état théologique sont aussi analysées par Comte : voir *Système*, II, p.84 et sq.

1. A la quête des « causes », caractéristique des premiers états, l'état positif substitue le souci d'établir des « lois » : voir *infra* § 12, où Comte met les termes en italiques pour souligner l'opposition.

2. Le refus de toute prétention à l'absolu est constant chez Comte depuis ses premiers écrits : « Tout est relatif, voilà la seule chose absolue » écrivait-il dès 1817.

3. Comte met donc à l'origine des visées spéculatives le « besoin » – voir aussi la « prédilection » et la recherche

satisfait, autant que l'exige une telle situation, et même, en effet, autant qu'il puisse jamais l'être, par notre tendance initiale à transporter partout le type humain, en assimilant tous les phénomènes quelconques à ceux que nous produisons nous-mêmes, et qui, à ce titre, commencent par nous sembler assez connus, d'après l'intuition immédiate qui les accompagne [1]. Pour bien comprendre l'esprit, purement théologique, résulté du développement, de plus en plus systématique, de cet état primordial, il ne faut pas se borner à le considérer dans sa dernière phase, qui s'achève, sous nos yeux, chez les populations les plus avancées, mais qui n'est point, à beaucoup près, la plus caractéristique : il devient indispensable de jeter un coup d'œil vraiment philosophique sur l'ensemble de sa marche naturelle, afin d'apprécier

« avide » mentionnées plus haut, et la « tendance » évoquée plus bas. C'est l'affectivité qui enclenche l'éveil des facultés spéculatives, les fait sortir de ce que Comte appelle leur « engourdissement », leur « torpeur primitive », leur « inertie native », et c'est elle qui est toujours leur « énergique stimulant » : voir sur ces points, *infra* § 7, mais aussi *Cours*, 40e leçon, I, p.670-675 ; 45e leçon, I, p.856 ; et plus tard voir *Système*, IV, p.160-168.

1. L'anthropocentrisme nous est, selon Comte, naturel, et c'est un des très grands mérites de l'astronomie positive que d'avoir enfin fait comprendre à l'homme sa véritable place dans le monde : voir *Cours*, 19e leçon, I, p.311 ; 22e leçon, I, p.360.

son identité fondamentale sous les trois formes principales qui lui sont successivement propres [1].

<4> La plus immédiate et la plus prononcée constitue le *fétichisme* proprement dit, consistant surtout à attribuer à tous les corps extérieurs une vie essentiellement analogue à la nôtre, mais presque toujours plus énergique, d'après leur action ordinairement plus puissante [2]. L'adoration des astres caractérise le degré le plus élevé de cette première phase théologique, qui, au début, diffère à peine de l'état mental où s'arrêtent les animaux supérieurs [3]. Quoique cette première forme de la philosophie théologique se retrouve avec évidence

1. Le *Discours* se présente bien ici comme une synthèse des acquis du *Cours*, où les formes successives de l'état initial n'avaient été exposées que dans les derniers tomes.

2. Comparer avec *Cours*, 52e leçon. L'appréciation du fétichisme par Comte devient, plus tard, de plus en plus généreuse – voir *Système*, II, chap. I, p.84-89, et III, chap. II – par exemple : « En prenant la positivité complète pour type normal de notre maturité mentale, le fétichiste s'en trouve moins éloigné qu'aucun théologiste. Son approximation générale de la réalité est plus exacte autant que plus naturelle : nous ne la dépassons effectivement que dans l'état scientifique » (*Système*, III, p.85).

3. Comte a toujours refusé d'établir une coupure nette entre les animaux et les hommes : la hiérarchie entre ces vivants tient à la complication de leurs facultés et et de leurs modes de vie, mais il y a une continuité dans l'échelle hiérarchique – voir *Cours*, 40e, 45e et 51e leçons.

dans l'histoire intellectuelle de toutes nos sociétés, elle ne domine plus directement aujourd'hui que chez la moins nombreuse des trois grandes races qui composent notre espèce [1].

<5> Sous sa seconde phase essentielle, constituant le vrai *polythéisme*, trop souvent confondu par les modernes avec l'état précédent, l'esprit théologique représente nettement la libre prépondérance spéculative de l'imagination, tandis que jusqu'alors l'instinct et le sentiment avaient

1. Ce sont : la race blanche, la race jaune et la race noire. La race qui, selon Comte, est encore le plus généralement au stade du « fétichisme » est la race noire. Comte reste très discret dans le *Cours* sur les critères de différenciation raciale, et il critique volontiers la « tendance vicieuse » renvoyant aux « races » ce qui, pour lui, relève surtout de l'évolution historique et sociologique – voir par exemple 48e leçon, II, p.147-148. Dans les positions plus nettement raciologiques de ce *Discours*, il faut remarquer que, tout en instaurant clairement une hiérachie des « races », Comte souligne que toutes ont suivi et sont appelées à suivre le même cheminement. Les ambivalences de la position comtienne se retrouvent dans le *Système* : Comte rejette explicitement ce qu'il appelle « l'irrationnelle notion des races » (*Système*, II, p.449), mais il continue pourtant à distinguer « trois principales races » qu'il caractérise comme des « variétés » personnifiant « les trois aspects essentiels de notre nature » (voir *Système*, II, p.461 et sq. ; III, p.193) et il propose une « théorie sociologique des races humaines » (*Système*, IV, p.511 et sq.).

surtout prévalu dans les théories humaines [1]. La philosophie initiale y subit la plus profonde transformation que puisse comporter l'ensemble de sa destinée réelle, en ce que la vie y est enfin retirée aux objets matériels, pour être mystérieusement transportée à divers êtres fictifs, habituellement invisibles, dont l'active intervention continue devient désormais la source directe de tous les phénomènes extérieurs, et même ensuite des phénomènes humains. C'est pendant cette phase caractéristique, mal appréciée aujourd'hui, qu'il faut principalement étudier l'esprit théologique, qui s'y développe avec une plénitude et une homogénéité ultérieurement impossibles : ce temps est, à tous égards, celui de son plus grand ascendant, à la fois mental et social [2]. La majorité de notre espèce n'est point encore sortie d'un tel état, qui persiste aujourd'hui chez la plus nombreuse des trois races humains, outre l'élite de la race noire et la partie la moins avancée de la race blanche [3].

1. L'âge du polythéisme est étudié dans la 53e leçon du *Cours*. Voir aussi *Système*, III, chap. III et IV.

2. L'étude des aspects « mental et social » fournit le plan généralement suivi par Comte dans ses appréciations : voir *infra* § 7 et 8.

3. Mais le polythéisme eut historiquement un grand développement dans la race blanche, puisque, d'après les autres analyses de Comte, les trois principaux « modes »

<6> Dans la troisième phase théologique, le *monothéisme* proprement dit commence l'inévitable déclin de la philosophie initiale [1], qui, tout en conservant longtemps une grande influence sociale, toutefois plus apparente encore que réelle, subit dès lors un rapide décroissement intellectuel, par une suite spontanée de cette simplification caractéristique, où la raison vient restreindre de plus en plus la domination antérieure de l'imagination, en laissant graduellement développer le sentiment universel, jusqu'alors presque insignifiant, de l'assujettissement nécessaire de tous les phénomènes naturels à des lois invariables [2]. Sous

en sont : le mode égyptien, le mode grec, et le mode romain.

1. Comte étudie l'âge du monothéisme dans la 54e leçon du *Cours*. Voir aussi *Système*, III, chap. V et VI.

2. Pour Comte, la période la plus représentative, l'apogée du monothéisme est le catholicisme du moyen-âge féodal : s'opposant aux anciennes interprétations des philosophes des Lumières qui décrivaient le moyen-âge comme l'époque de l'obscurantisme et des superstitions, Comte admire la force de l'organisation sociale, et souligne l'importance du « développement mental » qui a « encouragé l'essor scientifique ». Aussi défend-il « les éminentes propriétés intellectuelles du régime monothéique du moyen-âge », faisant « ressortir l'ingrate injustice de cette frivole philosophie qui conduit à qualifier irrationnellement de barbare et de ténébreux le siècle mémorable où brillèrent simultanément, sur les divers points principaux du monde catholique et féodal, saint Thomas d'Aquin, Albert le

des formes très diverses, et même radicalement inconciliables, cet extrême mode du régime préliminaire persiste encore, avec une énergie fort inégale, chez l'immense majorité de la race blanche ; mais, quoiqu'il soit ainsi d'une observation plus facile, ces mêmes préoccupations personnelles[1] apportent aujourd'hui un trop fréquent obstacle à sa judicieuse appréciation, faute d'une comparaison assez rationnelle et assez impartiale avec les deux modes précédents.

<7> Quelque imparfaite que doive maintenant sembler une telle manière de philosopher, il importe beaucoup de rattacher indissolublement l'état présent de l'esprit humain à l'ensemble de ses états antérieurs, en reconnaissant convenablement qu'elle dût être longtemps aussi indispensable qu'inévitable[2]. En nous bornant ici à la

Grand, Roger Bacon, Dante, etc. ». Dans le *Système*, l'éloge de la « transition catholico-féodale » est encore plus net : voir par exemple *Système*, II, p.107-134, et III, chap. VI.

1. « Personnel » c'est-à-dire rapporté à la personne, opposé d'ordinaire chez Comte à « altruiste », signifie ici « égocentrique ».

2. « Indispensable » et « inévitable » sont des termes constamment employés pour qualifier chacun des états et de leur phases internes. Dès 1826 Comte soulignait la nécessité de ce « double point de vue » : « sous le point de vue physique de la nécessité, c'est-à-dire dérivant des lois naturelles de l'organisation humaine, et sous le point de vue

simple appréciation intellectuelle[1], il serait d'abord superflu d'insister sur la tendance involontaire qui, même aujourd'hui, nous entraîne tous évidemment aux explications essentiellement théologiques, aussitôt que nous voulons pénétrer directement le mystère inaccessible du mode fondamental de production de phénomènes quelconques, et surtout envers ceux dont nous ignorons encore les lois réelles[2]. Les plus éminents

moral de l'indispensabilité, c'est-à-dire comme étant le seul mode convenable au développement de l'esprit humain » (*C.P.S.S.*, p.138). Par là Comte fait preuve aussi du caractère « relatif » de l'esprit « positif », qu'il donne plus loin comme une de ses propriétés fondamentales : voir *infra* § 30 à 33.

1. Comte suit ici le même plan que dans les leçons de sociologie du *Cours*, en procédant d'abord à l'« appréciation intellectuelle », puis à celle du point de vue « social » – qui est évoquée pour l'état théologique à la fin du § 8. Cf. pour le polythéisme *supra* § 5. L'appréciation des autres états est menée selon le même plan.

2. La référence à du « mystère » – ou à du « mystérieux » – n'est certainement pas à comprendre chez Comte comme aménageant un monde surnaturel possible. A partir d'une telle interprétation, on a pu parler du positivisme comme d'un « agnosticisme » qui, situant un réel au-delà de nos possibilités de connaissances, laisserait une place possible pour la métaphysique. Mais il est clair que chez Comte il s'agit seulement d'insister sur la modestie exigée de l'esprit positif. Voir par exemple comment Littré, dans la « Préface d'un disciple » écrite pour la réédition du *Cours*, sépare fermement le positivisme de toute tendance méta-

penseurs peuvent alors constater leur propre disposition naturelle au plus naïf fétichisme, quand cette ignorance se trouve momentanément combinée avec quelque passion prononcée [1]. Si donc toutes les explications théologiques ont subi, chez les modernes occidentaux, une désuétude croissante et décisive, c'est uniquement parce que les mystérieuses recherches qu'elles avaient en vue ont été de plus en plus écartées comme radicalement inaccessibles à notre intelligence, qui s'est graduellement habituée à y substituer irrévocablement des études plus efficaces, et mieux en harmonie avec nos vrais besoins [2]. Même en un temps où le véritable esprit philosophique avait déjà prévalu envers les plus simples phénomènes

physique, en discutant les interprétations de Renan et de Berthelot, et celle de l'« incognoscible » de Spencer.

1. Dans le *Cours*, Comte a donné multiples exemples de ces « tendances » à la résurgence du vieil esprit, et les a dénoncées chez les plus grands savants : Descartes, Huyghens, Newton en ont été victimes en optique – voir 33e leçon, I, p.530 ; et voir 51e leçon, II, p.213-214 où est déjà analysée la « mémorable aberration scientifique de l'illustre Malebranche » évoquée *infra*.

2. L'« efficacité » et l'« harmonie avec nos besoins » sont non seulement chez Comte des motivations spéculatives, mais aussi des motifs pour inviter à limiter nos recherches – voir *infra* § 14. D'où la tension dans la philosophie comtienne entre l'exigence théorique et un certain pragmatisme.

et dans un sujet aussi facile que la théorie élémentaire du choc, le mémorable exemple de Malebranche rappellera toujours la nécessité de recourir à l'intervention directe et permanente d'une action surnaturelle, toutes les fois qu'on tente de remonter à la cause première d'un événement quelconque. Or, d'une autre part, de telles tentatives, quelque puériles qu'elles semblent justement aujourd'hui, constituaient certainement le seul moyen primitif de déterminer l'essor continu des spéculations humaines, en dégageant spontanément notre intelligence du cercle profondément vicieux où elle est d'abord nécessairement enveloppée par l'opposition radicale de deux conditions également impérieuses. Car, si les modernes ont dû proclamer l'impossibilité de fonder aucune théorie solide, autrement que sur un suffisant concours d'observations convenables, il n'est pas moins incontestable que l'esprit humain ne pourrait jamais combiner, ni même recueillir, ces indispensables matériaux, sans être toujours dirigé par quelques vues spéculatives préalablement établies [1]. Ainsi, ces conceptions primor-

1. Point capital : Comte a toujours souligné ces conditions d'émergence de la connaissance humaine : voir par exemple *C.P.S.S.*, p.138-141 ; dans le *Cours*, Comte développe même l'idée d'un « cercle vicieux » originaire : voir *Cours*, 1re leçon, I, p.23 ; 51e leçon, II, p.215. Il faut

diales ne pouvaient, évidemment, résulter que d'une philosophie dispensée, par sa nature, de toute longue préparation, et susceptible, en un mot, de surgir spontanément, sous la seule impulsion d'un instinct direct, quelques chimériques que dussent être d'ailleurs des spéculations ainsi dépourvues de tout fondement réel. Tel est l'heureux privilège des principes théologiques, sans lesquels on doit assurer que notre intelligence ne pouvait jamais sortir de sa torpeur initiale, et qui seuls ont pu permettre, en dirigeant son activité spéculative, de préparer graduellement un meilleur régime logique [1]. Cette aptitude fondamentale fut, au reste, puissamment secondée par la prédilection originaire de l'esprit humain pour les questions insolubles que poursuivait surtout cette philosophie primitive. Nous ne pouvions mesurer nos forces mentales, et, par suite, en circonscrire sagement la destination qu'après les avoir suffi-

voir aussi dans cette insistance le refus par Comte de toute genèse purement empiriste de la connaissance.

1. Comte donne pour base à la connaissance la « spontanéité » de l'« instinct » : ceci vient de la manière dont il comprend les fonctions et le fonctionnement du cerveau – voir *Cours*, 45e leçon ; on retrouve ces idées dans la « Théorie cérébrale » élaborée plus tard, qui aboutit au Tableau publié en 1851 dans *Système*, I, p.679-729, repris en 1852 dans le *Catéchisme*. Voir aussi *supra* notre note 3 du § 3.

samment exercées [1]. Or, cet indispensable exercice ne pouvait d'abord être déterminé, surtout dans les plus faibles facultés de notre nature, sans l'énergique stimulation inhérente à de telles études, où tant d'intelligences mal cultivées persistent encore à chercher la plus prompte et la plus complète solution des questions directement usuelles. Il a même longtemps fallu, afin de vaincre suffisamment notre inertie native, recourir aussi aux puissantes illusions que suscitait spontanément une telle philosophie sur le pouvoir presque indéfini de l'homme pour modifier à son gré un monde alors conçu comme essentiellement ordonné à son usage, et qu'aucune grande loi ne pouvait encore soustraire à l'arbitraire suprématie des influences surnaturelles. A peine y a-t-il trois siècles que, chez l'élite de l'humanité, les espérances astrologiques et alchimiques, dernier vestige scientifique de cet esprit primordial, ont réellement cessé de servir à l'accumulation journalière des observations correspondantes, comme Képler et Berthollet l'ont respectivement indiqué [2].

1. Il y a exercice nécessaire de nos facultés avant d'en pouvoir maitriser la logique, et cette maîtrise se traduit par une ascèse et des renoncements, voir *infra* § 12.

2. Voir ces mêmes thèmes exposés dans le *Cours* : 19e, 23e, et 35e leçons.

<8> Le concours décisif de ces divers motifs intellectuels serait, en outre, puissamment fortifié si la nature de ce Traité me permettait d'y signaler suffisamment l'influence irrésistible des hautes nécessités sociales, que j'ai convenablement appréciées dans l'ouvrage fondamental mentionné au début de ce discours. On peut d'abord pleinement démontrer ainsi combien l'esprit théologique a dû être longtemps indispensable à la combinaison permanente des idées morales et politiques, encore plus spécialement qu'à celle de toutes les autres, soit en vertu de leur complication supérieure, soit parce que les phénomènes correspondants, primitivement trop peu prononcés, ne pouvaient acquérir un développement caractéristique que d'après un essor très prolongé de la civilisation humaine. C'est une étrange inconséquence, à peine excusable par la tendance aveuglément critique [1] de notre temps, que de reconnaître, pour les anciens, l'impossibilité de philosopher sur les plus simples sujets autrement que suivant le mode théologique, et de méconnaître néanmoins, surtout chez les polythéistes, l'insurmontable nécessité d'un régime analogue envers les spéculations

1. Chez Comte – qui reprend en cela le vocabulaire saint-simonien – « critique » s'oppose à « organique », et signifie « négatif », « destructeur », « incapable de construire ». Voir aussi *infra*, § 32.

sociales. Mais il faut sentir, en outre, quoique je ne puisse l'établir ici, que cette philosophie initiale n'a pas été moins indispensable à l'essor préliminaire de notre sociabilité qu'à celui de notre intelligence, soit pour constituer primitivement quelques doctrines communes, sans lesquelles le lien social n'aurait pu acquérir ni étendue ni consistance, soit en suscitant spontanément la seule autorité spirituelle qui pût alors surgir.

<9> Quelques sommaires que dussent être ici ces explications générales sur la nature provisoire et la destination préparatoire de la seule philosophie qui convînt réellement à l'enfance de l'humanité [1], elles font aisément sentir que ce régime initial diffère trop profondément, à tous égards, de celui que nous allons voir correspondre à la virilité mentale, pour que le passage graduel de l'un à l'autre pût originairement s'opérer, soit dans l'individu, soit dans l'espèce, sans l'assistance

1. La comparaison de l'évolution de l'esprit humain en général, avec la manière dont les hommes passent de l'état d'enfance à celui de virilité est déjà faite dans les ouvrages précédents de Comte – voir *C.P.S.S.*, p.138 ; *Cours*, 1re leçon, I, p.22, 51e leçon, II, p.204, 211. Mais la métaphore joue maintenant pour présenter l'évolution de l'humanité comme celle d'une sorte de « Grand-Etre » collectif – thème particulièrement exploité dans les développements du positivisme religieux du *Système* et du *Catéchisme*.

croissante d'une sorte de philosophie intermédiaire, essentiellement bornée à cet office transitoire. Telle est la participation spéciale de l'état métaphysique proprement dit à l'évolution fondamentale de notre intelligence, qui, antipathique à tout changement brusque, peut ainsi s'élever presque insensiblement de l'état purement théologique à l'état franchement positif [1], quoique cette situation équivoque se rapproche, au fond, bien davantage du premier que du dernier. Les spéculations dominantes y ont conservé le même caractère essentiel de tendance habituelle aux connaissances absolues : seulement la solution y a subi une transformation notable, propre à mieux faciliter l'essor des conceptions positives. Comme la théologie, en effet, la métaphysique tente surtout d'expliquer la nature intime des êtres, l'origine et la destination de toutes choses, le mode essentiel de production de tous les phénomèmes ; mais au lieu d'y employer les agents surnaturels proprement dits, elle les remplace de plus en plus par ces *entités* ou abstractions personnifiées, dont l'usage vraiment caractéristique, a souvent permis de la désigner sous le nom d'*ontologie* [2]. Il n'est

1. Voir *supra*, § 2, note 2.
2. Sur ce qu'est l'ontologie par rapport au théologisme, voir aussi *Système*, III, p.37-38.

que trop facile aujourd'hui d'observer aisément une telle manière de philosopher, qui, encore prépondérante envers les phénomènes les plus compliqués, offre journellement, même dans les théories les plus simples et les moins arriérées, tant de traces appréciables de sa longue domination *. L'efficacité historique de ces entités résulte directement de leur caractère équivoque : car, en chacun de ces êtres métaphysiques, inhérent au corps correspondant sans se confondre avec lui, l'esprit peut, à volonté, selon qu'il est plus près de l'état théologique ou de l'état positif, voir ou une véritable émanation de la puissance surnaturelle, ou une simple dénomination abstraite du phénomène considéré. Ce n'est plus alors la pure imagination qui domine, et ce n'est pas encore la véritable observation ; mais le raisonnement y acquiert beaucoup d'extension, et

* *Presque toutes les explications habituelles relatives aux phénomènes sociaux, la plupart de celles qui concernent l'homme intellectuel et moral, une grande partie de nos théories physiologiques ou médicales, et même aussi plusieurs théories chimiques, etc., rappellent encore directement l'étrange manière de philosopher si plaisamment caractérisée par Molière, sans aucune grave exagération, à l'occasion, par exemple, de la vertu dormitive de l'opium, conformément à l'ébranlement décisif que Descartes venait de faire subir à tout le régime des entités.*

se prépare confusément à l'exercice vraiment scientifique [1]. On doit, d'ailleurs, remarquer que sa part spéculative s'y trouve d'abord très exagérée [2], par suite de cette tendance opiniâtre à argumenter au lieu d'observer, qui, en tous genres, caractérise habituellement l'esprit métaphysique, même chez ses plus éminents organes. Un ordre de conceptions aussi flexible, qui ne comporte aucunement la consistance [3] si longtemps propre au système théologique, doit d'ailleurs parvenir, bien plus rapidement, à l'unité correspondante, par la subordination graduelle des diverses entités particulières à une seule entité générale, la *nature* [4], destinée à déterminer le

1. C'est pourquoi l'état métaphysique est qualifié de « bâtard », d'« équivoque ». – A remarquer aussi les formulations toujours relativistes de Comte : dans chaque état, comme dans chaque sous-état, s'il y a des facultés et fonctions « dominantes », aucune n'est exclusive.

2. L'« exagération » est un caractère que Comte repère et souligne souvent aux débuts d'un phénomène, et particulièrement lorsqu'émerge une nouvelle théorie ; puis la maturité s'acquiert par rectifications et ajustements.

3. La recherche de la « consistance » et la critique du caractère « flexible » des conceptions sont des thèmes constants chez Comte : on reconnaît là son goût du « dogmatique » – voir aussi *C.P.S.*, p.202-203.

4. Pour Comte, l'entité « nature » a été particulièrement exploitée par les scolastiques, et il faut remonter à Aristote pour comprendre l'importance dominante de cette entité : voir, par exemple, *Système*, III, p.428.

faible équivalent métaphysique de la vague liaison universelle résultée du monothéisme.

<10> Pour mieux comprendre, surtout de nos jours, l'efficacité historique d'un tel appareil philosophique, il importe de reconnaître que, par sa nature, il n'est spontanément susceptible que d'une simple activité critique [1] ou dissolvante, même mentale, et à plus forte raison sociale, sans pouvoir jamais rien organiser qui lui soit propre [2]. Radicalement inconséquent, cet esprit équivoque conserve tous les principes fondamentaux du

1. Sur le terme « critique », voir *supra* § 8 notre note 1, et *infra* § 32.

2. Sur le caractère « équivoque », « bâtard » de l'état métaphysique, un complément d'explication est donné *infra* § 26. Comparer avec les jugements développés dans le *Système* où Comte voit, dès la sortie du moyen-âge, le caractère uniquement critique et négatif de l'esprit métaphysique se traduire à l'époque habituellement donnée pour celle de la Renaissance : « Toujours inspirée par l'orgueil et ne pouvant jamais aboutir qu'au doute, l'esprit métaphysique dirigea spontanément cette longue insurrection [...]. Sa nature purement subversive s'était trouvée dissimulée tant qu'il avait agi sur un excès de théologisme, que son influence dissolvante avait utilement réduit sans en altérer l'aptitude organique [...]. Le domaine rationnel se trouva donc livré longtemps à l'esprit métaphysique, dont la négativité caractéristique put alors se développer librement, jusqu'à ce que la philosophie naturelle eût assez grandi pour terminer l'interrègne théorique » (*Système*, II, p.130).

système théologique, mais en leur ôtant de plus en plus cette vigueur et cette fixité indispensables à leur autorité effective ; et c'est dans une semblable altération que consiste, en effet, à tous égards, sa principale utilité passagère, quand le régime antique, longtemps progressif pour l'ensemble de l'évolution humaine, se trouve inévitablement parvenu à ce degré de prolongation abusive où il tend à perpétuer indéfiniment l'état d'enfance qu'il avait d'abord si heureusement dirigé. La métaphysique n'est donc réellement, au fond, qu'une sorte de théologie graduellement énervée par des simplifications dissolvantes [1], qui lui ôtent spontanément le pouvoir direct d'empêcher l'essor spécial des conceptions positives, tout en lui conservant néanmoins l'aptitude provisoire à entretenir un certain exercice indispensable de l'esprit de généralisation, jusqu'à ce qu'il puisse enfin recevoir une meilleure alimentation. D'après son caractère contradictoire, le régime métaphysique ou ontologique est toujours placé dans cette inévitable alternative de tendre à une vaine restauration de l'état théologique pour satisfaire aux conditions d'ordre, ou de pousser à une situation purement négative afin d'échapper à

1. Comte dénonce volontiers aussi dans le *Cours* les « subtilités » métaphysiques – voir par exemple 56e leçon.

l'empire oppressif de la théologie. Cette oscillation nécessaire, qui maintenant ne s'observe plus qu'envers les plus difficiles théories, a pareillement existé jadis à l'égard même des plus simples, tant qu'a duré leur âge métaphysique, en vertu de l'impuissance organique toujours propre à une telle manière de philosopher. Si la raison publique [1] ne l'avait dès longtemps écartée pour certaines notions fondamentales, on ne doit pas craindre d'assurer que les doutes insensés qu'elle suscita, il y a vingt siècles, sur l'existence des corps extérieurs subsisteraient encore essentiellement, car elle ne les a certainement jamais dissipés par aucune argumentation décisive. On peut donc finalement envisager l'état métaphysique comme une sorte de maladie chronique naturellement inhérente à notre évolution mentale, individuelle ou collective, entre l'enfance et la virilité.

<11> Les spéculations historiques ne remontant presque jamais, chez les modernes, au-delà des temps polythéiques, l'esprit métaphysique doit y sembler à peu près aussi ancien que l'esprit théologique lui-même, puisqu'il a nécessairement présidé, quoique d'une manière implicite, à la transformation primitive du fétichisme en polythéisme, afin de suppléer déjà à l'activité pure-

1. Sur la raison publique, voir *infra* § 34-35-37.

ment surnaturelle qui, ainsi directement retirée à chaque corps particulier, y devait spontanément laisser quelque entité correspondante [1]. Toutefois, comme cette première révolution théologique n'a pu alors donner lieu à aucune vraie discussion, l'intervention continue de l'esprit ontologique n'a commencé à devenir pleinement caractéristique que dans la révolution suivante, pour la réduction du polythéisme en monothéisme [2], dont il a dû être l'organe naturel. Son influence croissante devant d'abord paraître organique, tant qu'il restait subordonné à l'impulsion théologique : mais sa nature essentiellement dissolvante a dû ensuite se manifester de plus en plus, quand il a tenté graduellement de pousser la simplification de la théologie au-delà même du monothéisme vulgaire, qui constituait, de toute nécessité, l'extrême phase

1. Ces propos sont essentiels pour la compréhension de la philosophie de l'histoire d'Auguste Comte. On voit d'abord que le rapport entre les différents états d'esprit ne saurait se réduire à un ordre de succession stricte : il est plus souple. De plus, on voit combien Comte juge important le stade du fétichisme, dont il poursuit la revalorisation dans le *Système*.

2. A remarquer la répétition du terme « révolution » pour qualifier ici le passage de l'un à l'autre des sous-états du théologique. D'où les difficultés de la philosophie de l'histoire comtienne dans sa présentation d'une évolution graduelle marquée cependant de « révolutions »-ruptures. Voir aussi *supra* § 2 notre note 2 et § 9.

vraiment possible de la philosophie initiale. C'est ainsi que, pendant les cinq derniers siècles, l'esprit métaphysique a secondé négativement l'essor fondamental de notre civilisation moderne, en décomposant peu à peu le système théologique [1], devenu finalement rétrograde, depuis que l'efficacité sociale du régime monothéique se trouvait essentiellement épuisée, à la fin du moyen âge. Malheureusement, après avoir accompli, en chaque genre, cet office indispensable mais passager, l'action trop prolongée de conceptions ontologiques a dû toujours tendre à empêcher aussi toute autre organisation réelle du système spéculatif ; en sorte que le plus dangereux obstacle à l'installation finale d'une vraie philosophie résulte, en effet, aujourd'hui de ce même esprit qui souvent s'attribue encore le privilège presque exclusif des méditations philosophiques [2].

<12> Cette longue succession de préambules nécessaires conduit enfin notre intelligence, graduellement émancipée, à son état définitif de

1. Ces vastes et assez vagues indications chronologiques sont reprises *infra* § 39.

2. D'où le passage nécessaire pour Comte par une « grande opération révolutionnaire ». On retrouve ici la dénonciation des effets pervers d'une action « trop prolongée » de ce qui fut un temps opérant puis devient « obstacle », bref, les mises en garde de Comte contre les « exagérations » – cf. § 9 notre note 2.

positivité rationnelle [1], qui doit ici être caractérisé d'une manière plus spéciale que les deux états préliminaires. De tels exercices préparatoires ayant spontanément constaté l'inanité radicale des explications vagues et arbitraires propres à la philosophie initiale, soit théologique, soit métaphysique, l'esprit humain renonce désormais aux recherches absolues qui ne convenaient qu'à son enfance, et circonscrit ses efforts dans le domaine, dès lors rapidement progressif, de la véritable observation, seule base possible des connaissances vraiment accessibles, sagement adaptées à nos besoins réels [2]. La logique spéculative avait jusqu'alors consisté à raisonner, d'une manière plus ou moins subtile, d'après des principes confus, qui, ne comportant aucune preuve suffisante, suscitaient toujours des débats sans issue. Elle reconnaît désormais, comme règle fondamentale, que toute proposition qui n'est pas strictement réductible à la simple énonciation d'un fait, ou

1. Nouvelles expressions des complexités de la philosophie de l'histoire comtienne : 1) une préparation graduelle permet d'atteindre un état radicalement différent ; 2) cet état définitif n'est cependant pas une fin, puisque la positivité rationnelle y a une histoire – voir *infra* § 14.

2. Renoncer..., circonscrire ses efforts..., limiter ses ambitions explicatives... : la positivité est une ascèse. Voir aussi l'insistance sur la notion de « discipline ». Et voir toutes les restrictions relativistes des § 13 et 14.

particulier ou général, ne peut offrir aucun sens réel et intelligible. Les principes qu'elle emploie ne sont plus eux-mêmes que de véritables faits, seulement plus généraux et plus abstraits que ceux dont ils doivent former le lien. Quel que soit d'ailleurs le mode, rationnel ou expérimental, de procéder à leur découverte, c'est toujours de leur conformité, directe ou indirecte, avec les phénomènes observés que résulte exclusivement leur efficacité scientifique [1]. La pure imagination perd alors irrévocablement son antique suprématie mentale, et se subordonne nécessairement à l'observation, de manière à constituer un état logique pleinement normal, sans cesser néanmoins d'exercer, dans les spéculations positives, un office aussi capital qu'inépuisable, pour créer ou perfectionner les moyens de liaison, soit définitive, soit provisoire. En un mot, la révolution fondamentale qui caractérise la virilité de notre intelligence consiste essentiellement à substituer partout, à l'inaccessible détermination des *causes* proprement dites, la simple recherche des *lois*, c'est-à-dire des relations constantes qui existent entre les phénomènes observés [2]. Qu'il s'agisse des

1. Voir aussi la critique comtienne de la croyance aux principes ou notions innées : cf. *infra* § 16.

2. Sur la substitution de la recherche des *lois* à celle des *causes*, cf. *Cours*, 1re leçon, I, p.26 – ce que Comte

moindres ou des plus sublimes effets, de choc et de pesanteur comme de pensée et de moralité, nous n'y pouvons vraiment connaître que les diverses liaisons mutuelles propres à leur accomplissement, sans jamais pénétrer le mystère de leur production [1].

<13> Non seulement nos recherches positives doivent essentiellement se réduire, en tous genres, à l'appréciation systématique de ce qui est, en renonçant à en découvrir la première origine et la destination finale ; mais il importe, en outre, de sentir que cette étude des phénomènes, au lieu de pouvoir devenir aucunement absolue, doit toujours rester relative [2] à notre organisation et à notre situation. En reconnaissant, sous ce double aspect, l'imperfection nécessaire de nos divers moyens spéculatifs, on voit que, loin de pouvoir étudier complètement aucune existence effective, nous ne saurions garantir nullement la possibilité de constater ainsi, même très superficiellement,

traduit aussi par la substitution à la question « pourquoi » de la question « comment ». Voir aussi une autre définition générale des lois dans le *Système* : « Même envers les phénomènes les plus simples et les plus fixes, la notion philosophique de *loi* naturelle consiste toujours à saisir la constance dans la variété » (*Système*, II, p.41).

1. Cf. *supra* § 7 et notes.

2. Comte insiste sur cette qualité de l'esprit positif, voir *infra* § 33.

toutes les existences réelles, dont la majeure partie peut-être doit nous échapper totalement. Si la perte d'un sens important suffit pour nous cacher radicalement un ordre entier de phénomènes naturels, il y a tout lieu de penser, réciproquement, que l'acquisition d'un sens nouveau nous dévoilerait une classe de faits dont nous n'avons maintenant aucune idée, à moins de croire que la diversité des sens, si différente entre les principaux types d'animalité, se trouve poussée, dans notre organisme, au plus haut degré que puisse exiger l'exploration totale du monde extérieur, supposition évidemment gratuite, et presque ridicule [1]. Aucune science ne peut mieux manifester que l'astronomie cette nature nécessairement relative de toutes nos connaissances réelles, puisque, l'investigation des phénomènes ne pouvant s'y opérer que par un seul sens, il est très facile d'y apprécier les conséquences spéculatives de sa suppression ou de sa simple altération. Il ne saurait exister aucune astronomie chez une espèce aveugle, quelque intelligente qu'on la supposât, ni envers des astres obscurs, qui sont peut-être les plus nombreux, ni même si seulement l'atmo-

1. On retrouve ici la lutte sévère menée par Comte contre l'anthropocentrisme – voir déjà dans le *Cours*, surtout 19e leçon.

sphère à travers laquelle nous observons les corps célestes restait toujours et partout nébuleuse. Tout le cours de ce Traité nous offrira de fréquentes occasions d'apprécier spontanément, de la manière la moins équivoque, cette intime dépendance où l'ensemble de nos conditions propres, tant intérieures qu'extérieures, retient inévitablement chacune de nos études positives.

<14> Pour caractériser suffisamment cette nature nécessairement relative de toutes nos connaissances réelles, il importe de sentir, en outre, du point de vue le plus philosophique, que, si nos conceptions quelconques doivent être considérées elles-mêmes comme autant de phénomènes humains, de tels phénomènes ne sont pas simplement individuels, mais aussi et surtout sociaux, puisqu'ils résultent, en effet, d'une évolution collective et continue, dont tous les éléments et toutes les phases sont essentiellement connexes [1]. Si donc, sous le premier aspect, on

1. Ce thème est capital pour Comte. Dès les œuvres de jeunesse, il y insiste en dénonçant les philosophies qui, au lieu de voir les déterminations d'ensemble des divers éléments de la marche de la civilisation, attribuent trop à la puissance de « génies » (cf. *Plan*, p.92). Dans le *Cours*, où Comte fonde et baptise la « Sociologie », il souligne constamment « la solidarité fondamentale entre tous les aspects de l'organisme social » et la « co-relation » des conceptions (cf. surtout 47e leçon). Voir aussi *infra* § 56.

reconnaît que nos spéculations doivent toujours dépendre des diverses conditions essentielles de notre existence individuelle, il faut également admettre, sous le second, qu'elles ne sont pas moins subordonnées à l'ensemble de la progression sociale, de manière à ne pouvoir jamais comporter cette fixité absolue que les métaphysiciens ont supposée. Or, la loi générale du mouvement fondamental de l'humanité consiste, à cet égard, en ce que nos théories tendent de plus en plus à représenter exactement les sujets extérieurs de nos constantes investigations, sans que néanmoins la vraie constitution de chacun d'eux puisse, en aucun cas, être pleinement appréciée, la perfection scientifique devant se borner à approcher de cette limite idéale autant que l'exigent nos divers besoins réels [1]. Ce second genre de dépendance, propre aux spéculations positives, se manifeste aussi clairement que le premier dans le

l'individu vs. la société

1. Sur les rapports des spéculations aux « besoins réels », voir aussi *supra* § 7. Comte développe donc une théorie de la connaissance scientifique comme étant toujours, et devant rester, une « connaissance approchée ». Même thème exprimé par exemple dans le *Système* : « Nos doctrines ne représentent jamais le monde extérieur avec une extrême exactitude [...]. La vérité pour chaque cas social ou personnel consiste dans le degré d'approximation que comporte alors une telle représentation » (*Système*, III, p.22).

cours entier des études astronomiques, en considérant, par exemple, la suite des notions de plus en plus satisfaisantes, obtenues depuis l'origine de la géométrie céleste, sur la figure de la terre, sur la forme des orbites planétaires, etc. Ainsi, quoique, d'une part, les doctrines scientifiques soient nécessairement d'une nature assez mobile pour devoir écarter toute prétention à l'absolu, leurs variations graduelles ne présentent, d'une autre part, aucun caractère arbitraire qui puisse motiver un scepticisme encore plus dangereux [1] ; chaque changement successif conserve d'ailleurs spontanément aux théories correspondantes, une aptitude indéfinie à représenter les phénomènes qui leur ont servi de base, du moins tant qu'on n'y doit pas dépasser le degré primitif de précision effective.

? 6 l'étudier progrès de philo comme ce de astron?

<15> Depuis que la subordination constante de l'imagination à l'observation a été unanimement reconnue comme la première condition fondamentale de toute saine spéculation scientifique, une vicieuse interprétation a souvent conduit à abuser beaucoup de ce grand principe logique, pour faire dégénérer la science réelle en une sorte de stérile accumulation de faits

1. Ne point confondre donc le « relativisme » dont Comte se réclame et le « scepticisme » où il voit inclination à la paresse et non à la recherche. Voir aussi *infra* § 33.

incohérents, qui ne pourrait offrir d'autre mérite essentiel que celui de l'exactitude partielle [1]. Il importe donc de bien sentir que le véritable esprit positif n'est pas moins éloigné, au fond, de l'empirisme que du mysticisme [2] ; c'est entre ces deux aberrations, également funestes, qu'il doit toujours cheminer : le besoin d'une telle réserve continue, aussi difficile qu'importante, suffirait d'ailleurs pour vérifier, conformément à nos explications initiales, combien la vraie positivité doit être mûrement préparée, de manière à ne pouvoir nullement convenir à l'état naissant de l'humanité. C'est dans les lois des phénomènes que consiste réellement la science, à laquelle les faits proprement dits, quelque exacts et nombreux qu'ils puissent être, ne fournissent jamais que

1. La critique de l'empirisme est un thème majeur de l'épistémologie comtienne : l'empirisme se contente trop aisément d'une connaissance qualifiée souvent par Comte de « dispersive », au lieu de viser la rationalité des maîtrises théoriques – cf. *Cours*, 56e leçon, II, p.577-581, et par exemple 58e leçon : « aucun fait isolé ne saurait être incorporé à la science jusqu'à ce qu'il ait été convenablement lié à quelque autre notion au moins à l'aide d'une judicieuse hypothèse ». A rattacher aussi au § 7 *supra*.

2. Le « mysticisme » est le fruit de l'imagination ou/et de la spéculation non réglées par l'observation, comme l'« empirisme » est celui de l'observation qui ne suscite pas ou/et n'est pas fécondée par l'imagination et la spéculation théorique. Texte parallèle dans *Catéchisme*, p.86.

d'indispensables matériaux. Or, en considérant la destination constante de ces lois, on peut dire, sans aucune exagération, que la véritable science, bien loin d'être formée de simples observations, tend toujours à dispenser, autant que possible, de l'exploration directe, en y substituant cette prévision rationnelle, qui constitue, à tous égards, le principal caractère de l'esprit positif[1], comme l'ensemble des études astronomiques nous le fera clairement sentir. Une telle prévision, suite nécessaire des relations constantes découvertes entre les phénomènes, ne permettra jamais de confondre la *science* réelle avec cette vaine *érudition*[2] qui accumule machinalement des faits

1. Voir aussi : « L'esprit positif, sans méconnaître jamais la prépondérance nécessaire de la réalité directement constatée, tend toujours à agrandir autant que possible, le domaine rationnel aux dépens du domaine expérimental, en substituant de plus en plus la prévision des phénomènes à leur exploration immédiate : le progrès scientifique consiste principalement à diminuer graduellement le nombre de lois distinctes et indépendantes, en étendant sans cesse les liaisons » (*Cours*, 56e leçon, II, p.567).

2. L'opposition de la science et de l'érudition est un thème cher à Comte, à rattacher à son souci du « général », alors que l'érudit se perd dans les détails oiseux. – Lorsque Littré quitte la « Société positiviste » en 1852, Comte juge que leurs différends relèvent, en partie, du fait que le « vieil érudit » n'a pas saisi les véritables enjeux et visées de l'esprit positif.

sans aspirer à les déduire les uns des autres. Ce grand attribut de toutes nos saines spéculations n'importe pas moins à leur utilité effective qu'à leur propre dignité ; car, l'exploration directe des phénomènes accomplis ne pourrait suffire à nous permettre d'en modifier l'accomplissement, si elle ne nous conduisait pas à le prévoir convenablement. Ainsi, le véritable esprit positif consiste surtout à voir pour prévoir, à étudier ce qui est afin d'en conclure ce qui sera, d'après le dogme général de l'invariabilité des lois naturelles *.

* *Sur cette appréciation générale de l'esprit et de la marche propres à la méthode positive, on peut étudier, avec beaucoup de fruit, le précieux ouvrage intitulé :* A system of logic, ratiocinative and inductive, *récemment publié à Londres (chez John Parker, West Strand, 1843), par mon éminent ami, M. John Stuart Mill, ainsi pleinement associé désormais à la fondation directe de la nouvelle philosophie*[1]. *Les sept derniers chapitres du tome premier contiennent une admirable exposition dogmatique, aussi profonde que lumineuse, de la logique inductive, qui ne pourra jamais, j'ose l'assurer, être mieux conçue ni mieux caractérisée en restant au point de vue où l'auteur s'est placé.*

1. J.S. Mill entretient une correspondance assidue avec Comte depuis 1841. La première édition du *Système de logique* contient de nombreux éloges de Comte. Mais les différends s'accumulent, sur les conceptions intellectuelles de la méthode philosophique, et surtout sur les conceptions sociologiques ; la correspondance cesse en 1846. Plus tard, Mill réédite son livre en supprimant ses références à Comte, et il s'explique sur ses relations dans un ouvrage *Auguste Comte et le positivisme*, 1865.

<16> Ce principe fondamental de toute la philosophie positive [1], sans être encore, à beaucoup près, suffisamment étendu à l'ensemble des phénomènes, commence heureusement, depuis trois siècles, à devenir tellement familier, que, par suite des habitudes absolues antérieurement enracinées, on a presque toujours méconnu jusqu'ici sa véritable source, en s'efforçant, d'après une vaine et confuse argumentation métaphysique, de représenter comme une sorte de notion innée, ou du moins primitive, ce qui n'a pu certainement résulter que d'une lente induction graduelle, à la fois collective et individuelle [2]. Non seulement aucun motif rationnel, indépendant de toute exploration extérieure, ne nous indique d'abord l'invariabilité des relations physiques ; mais il est incontestable, au contraire, que l'esprit humain

1. Ce « principe fondamental » est donné comme « dogme » au § précédent. Cf. les affirmations de Comte sur le « dogmatisme comme état normal de l'intelligence » (*C.P.S.*, p.128). Et voir comment l'ensemble des lois scientifiques devient le « dogme » d'une nouvelle « religion » lorsque Comte développe « la philosophie positive » en « positivisme » : cf. *Catéchisme positiviste*, 1re partie.

2. Sur le processus de découverte des principes spéculatifs, voir *supra* § 12. Sur la manière dont s'est construit le principe de l'invariabilté des lois, ainsi d'ailleurs que sur le processus de construction des lois en général, voir les développements du *Système*, par exemple, II, p.30-37.

éprouve, pendant sa longue enfance, un très vif penchant à la méconnaître, là même où une observation impartiale la lui manifesterait déjà, s'il n'était pas alors entraîné par sa tendance nécessaire à rapporter tous les événements quelconques, et surtout les plus importants, à des volontés arbitraires [1]. Dans chaque ordre de phénomènes, il en existe, sans doute, quelques-uns assez simples et assez familiers pour que leur observation spontanée ait toujours suggéré le sentiment confus et incohérent d'une certaine régularité secondaire ; en sorte que le point de vue purement théologique n'a jamais pu être rigoureusement universel [2]. Mais cette conviction partielle et précaire se borne longtemps aux phénomènes les moins nombreux et les plus subalternes, qu'elle ne peut même nullement préserver alors des fréquentes perturbations attribuées à l'intervention prépondérante des agents surnaturels. Le principe de l'invariabilité des lois naturelles ne commence réellement à acquérir

1. Cf. *supra* § 7.

2. On retrouve dans cette analyse génétique particulière les thèmes généraux de l'histoire de la connaissance : origine instinctive et rôle de l'affectivité, observations et expériences indispensables, constant mélange des états d'esprit. – Sur la simultanéité des états d'esprit, voir aussi *infra* § 76.

quelque consistance philosophique que lorsque les premiers travaux scientifiques ont pu en manifester l'exactitude essentielle envers un ordre entier de grands phénomènes ; ce qui ne pouvait suffisamment résulter que de la fondation de l'astronomie mathématique, pendant les derniers siècles du polythéisme. D'après cette introduction systématique, ce dogme fondamental a tendu, sans doute, à s'étendre, par analogie, à des phénomènes plus compliqués, avant même que leurs lois propres pussent être aucunement connues. Mais, outre sa stérilité effective, cette vague anticipation logique avait alors trop peu d'énergie pour résister convenablement à l'active suprématie mentale que conservaient encore les illusions théologico-métaphysiques. Une première ébauche spéciale de l'établissement des lois naturelles envers chaque ordre principal de phénomènes a été ensuite indispensable pour procurer à une telle notion cette force inébranlable qu'elle commence à présenter dans les sciences les plus avancées [1].

1. Il y a donc anticipation et ébauche de la logique par l'exercice progressif des facultés avant son élaboration systématique : cf. *supra* § 7 et notes. Voir aussi les explications de la 56e leçon (*Cours*, II, p.548-574) où Comte montre que l'on a commencé par découvrir le principe de l'invariabilité des lois en géométrie céleste, ce qui a constitué « le principal motif intellectuel de cette importante réduction du polythéisme en monothéisme » ; puis ce

Cette conviction ne saurait même devenir assez ferme, tant qu'une semblable élaboration n'a pas été vraiment étendue à toutes les spéculations fondamentales, l'incertitude laissée par les plus compliquées devant alors affecter plus ou moins chacune des autres. On ne peut méconnaître cette ténébreuse réaction, même aujourd'hui, où, par suite de l'ignorance encore habituelle envers les lois sociologiques, le principe de l'invariabilité des relations physiques reste quelquefois sujet à de graves altérations, jusque dans les études purement mathématiques, où nous voyons, par exemple, préconiser journellement un prétendu calcul des chances [1], qui suppose implicitement l'absence de toute loi réelle à l'égard de certains événements, surtout quand l'homme y intervient. Mais lorsque cette universelle extension est enfin

principe fut introduit dans les spéculations physico-chimiques par l'astrologie et l'alchimie, et s'est ensuite étendu dans les différents domaines.

1. L'opposition de Comte aux recherches sur le calcul des probabilités a toujours été véhémente ; c'est un point sur lequel il se sépare radicalement de Condorcet, par ailleurs souvent admiré : voir *Cours*, surtout 27e leçon, I, p.435 et note, 49e leçon, II, p.168-169 ; voir aussi *Système*, I, p.469 : « Par une étrange dégradation, la science du calcul, qui fut le berceau systématique du dogme fondamental de la philosophie naturelle, semble [...] aboutir à des spéculations où l'on suppose les événements dépourvus de toute loi ».

suffisamment ébauchée, condition maintenant remplie chez les esprits les plus avancés, ce grand principe philosophique acquiert aussitôt une plénitude décisive, quoique les lois effectives de la plupart des cas particuliers doivent rester longtemps ignorées [1] ; parce qu'une irrésistible analogie applique alors d'avance à tous les phénomènes de chaque ordre ce qui n'a été constaté que pour quelques-uns d'entre eux, pourvu qu'ils aient une importance convenable.

<17> Après avoir considéré l'esprit positif relativement aux objets extérieurs de nos spéculations, il faut achever de le caractériser en appréciant aussi sa destination intérieure, pour la satisfaction continue de nos propres besoins, soit qu'ils concernent la vie contemplative, ou la vie active [2].

1. Comte n'accorde à l'esprit positif qu'une connaissance approchée et toujours limitée, ce qui s'oppose aux interprétations hâtives du positivisme comme scientisme et prétention totalitaire de la connaissance scientifique. Cf. aussi *supra* § 14.

2. Annonce claire du plan suivi par Comte : l'appréciation de l'aptitude de l'esprit positif quant à sa « destination intérieure » est examinée – en rapport aux « besoins de la vie contemplative ou spéculative du § 18 au § 22 ; puis en rapport aux « besoins de la vie active » au § 22. – Le Plan suivi pour l'édition de 1898, en indiquant ici le titre « destination de l'esprit positif » crée une confusion : en fait, cette étude se poursuit depuis les § 15 et 16 qui

<18> Quoique les nécessités purement mentales soient, sans doute, les moins énergiques de toutes celles inhérentes à notre nature [1], leur existence directe et permanente est néanmoins incontestable chez toutes les intelligences : elles y constituent la première stimulation indispensable à nos divers efforts philosophiques, trop souvent attribués surtout aux impulsions pratiques, qui les développent beaucoup, il est vrai, mais ne pourraient les faire naître. Ces exigences intellectuelles, relatives, comme toutes les autres, à l'exercice régulier des fonctions correspondantes, réclament toujours une heureuse combinaison de stabilité et d'activité, d'où résultent les besoins simultanés d'ordre et de progrès, ou de liaison et d'extension [2]. Pendant la longue enfance de l'humanité, les conceptions théologico-métaphysiques pouvaient seules, suivant nos

appréciaient la « destination extérieure » ; c'est l'appréciation de « la destination intérieure » qui débute au § 17.

1. Ceci est déjà établi dans la 45e leçon du *Cours* et sera précisé lors des développements par Comte de la « Théorie cérébrale » : cf. *Système*, I, « Introduction », chap. III.

2. Dans l'édition de 1898, *ordre* et *progrès* sont en italiques, pour insiter sur ces notions clefs de la philosophie positive. Cf. *infra* § 42-45. Mais, ici, l'intérêt du texte est plutôt dans le rapprochement fait entre les divers couples de termes.

explications antérieures, satisfaire provisoirement à cette double condition fondamentale, quoique d'une manière extrêmement imparfaite. Mais quand la raison humaine est enfin assez mûrie pour renoncer franchement aux recherches inaccessibles et circonscrire sagement son activité dans le domaine vraiment appréciable à nos facultés, la philosophie positive lui procure certainement une satisfaction beaucoup plus complète, à tous égards, aussi bien que plus réelle, de ces deux besoins élémentaires. Telle est, évidemment, en effet, sous ce nouvel aspect, la destination directe des lois qu'elle découvre sur les divers phénomènes, et de la prévision rationnelle qui en est inséparable. Envers chaque ordre d'événements, ces lois doivent, à cet égard, être distinguées en deux sortes, selon qu'elles lient par similitude ceux qui coexistent ou par filiation ceux qui se succèdent. Cette indispensable distinction correspond essentiellement, pour le monde extérieur, à celle qu'il nous offre toujours spontanément entre les deux états corrélatifs d'existence et de mouvement ; d'où résulte, dans toute science réelle, une différence fondamentale entre l'appréciation *statique* et l'appréciation *dynamique* d'un sujet quelconque [1]. Les deux genres de relations

1. L'importance de la distinction entre l'étude des

contribuent également à expliquer les phénomènes, et conduisent pareillement à les prévoir, quoique les lois d'harmonie semblent d'abord destinées surtout à l'explication et les lois de succession à la prévision. Soit qu'il s'agisse, en effet, d'expliquer ou de prévoir, tout se réduit toujours à lier [1] : toute liaison réelle, d'ailleurs statique ou dynamique, découverte entre deux phénomènes quelconques, permet à la fois de les expliquer et de les prévoir l'un d'après l'autre ; car la prévision scientifique convient évidemment au présent, et même au passé, aussi bien qu'à l'avenir, consistant sans cesse à connaître un fait indépendamment de son exploration directe, en

phénomènes sous les points de vue *statique* et *dynamique* est soulignée dès la première leçon du *Cours* (I, p.32-33) ; puis dans l'étude des différentes sciences, cela devient un des critères de l'ordonnance de leurs parties : voir le plan du *Cours* établi en 1829-1830 et sa table ses matières, et les propos méthodiques de la 58e leçon (*Cours*, II, p.724). Dans le *Système*, Comte dit qu'on doit surtout rattacher à la méditation inductive l'étude des relations statiques ou de similitude, et à la déductive celle des relations dynamiques ou de succession » (*Système*, I, p.719). Sur ce thème, voir aussi *Catéchisme,* p.84 et sq.

1. Lier, relier, combiner, coordonner, etc., sont les mots-clés de Comte : en science, il cherche partout à lier selon des « lois » ; et dans le domaine socio-politique, il promeut le positivisme en religion, car il donne à ce terme le sens étymologique (?) de « re-lier » et rallier.

vertu de ses relations avec d'autres déjà donnés. Ainsi, par exemple, l'assimilation démontrée entre la gravitation céleste et la pesanteur terrestre a conduit, d'après les variations prononcées de la première, à prévoir les faibles variations de la seconde, que l'observation immédiate ne pouvait suffisamment dévoiler, quoiqu'elle les ait ensuite confirmées ; de même, en sens inverse, la correspondance, anciennement observée, entre la période élémentaire des marées et le jour lunaire, s'est trouvée expliquée aussitôt qu'on a reconnu l'élévation des eaux en chaque point comme résultant du passage de la lune au méridien local. Tous nos vrais besoins logiques convergent donc essentiellement vers cette commune destination : consolider, autant que possible, par nos spéculations systématiques, l'unité spontanée de notre entendement, en constituant la continuité et l'homogénéité de nos diverses conceptions, de manière à satisfaire également aux exigences simultanées de l'ordre et du progrès, en nous faisant retrouver la constance au milieu de la variété [1]. Or, il est évident que, sous cet aspect

des conceptions divers d'un vrai réel

1. A souligner cependant que Comte, tout en proclamant son souci de « lier » et de constituer « la continuité et l'homogénéité de nos diverses conceptions », se méfie des prétentions d'unification trop ambitieuses : voir *Cours*, 1re

fondamental, la philosophie positive comporte nécessairement, chez les esprits bien préparés, une aptitude très supérieure à celle qu'a pu jamais offrir la philosophie théologico-métaphysique. En considérant même celle-ci aux temps de son plus grand ascendant, à la fois mental et social, c'est-à-dire, à l'état polythéique, l'unité intellectuelle s'y trouvait certainement constituée d'une manière beaucoup moins complète et moins stable que ne le permettra prochainement l'universelle prépondérance de l'esprit positif, quand il sera enfin étendu habituellement aux plus éminentes spéculations. Alors, en effet, régnera partout, sous divers modes, et à différents degrés, cette admirable constitution logique[1], dont les plus simples études peuvent seules nous donner aujourd'hui une juste idée, où la liaison et l'extension, chacune pleinement garantie, se trouvent, en outre, spontanément solidaires. Ce grand résultat philosophique n'exige d'ailleurs d'autre condition nécessaire que l'obligation permanente de restreindre toutes nos spéculations aux recherches vraiment accessibles, en considérant ces relations réelles, soit de

leçon, I, p.40-41 ; 33e leçon, I, p.533-535 ; 58e leçon, II, p.720.

1. Il s'agit donc d'unifier, mais pas question d'uniformiser. L'esprit positif, relatif, s'oppose à tout réductionisme.

similitude, soit de succession, comme ne pouvant elles-mêmes constituer pour nous que de simples faits généraux, qu'il faut toujours tendre à réduire au moindre nombre possible, sans que le mystère de leur production puisse jamais être aucunement pénétré, conformément au caractère fondamental de l'esprit positif [1]. Mais si cette constance effective des liaisons naturelles nous est seule vraiment appréciable, elle seule aussi suffit pleinement à nos véritables besoins, soit de contemplation, soit de direction [2].

<19> Il importe néanmoins de reconnaître, en principe, que, sous le régime positif, l'harmonie de nos conceptions se trouve nécessairement

1. Voir *supra*, sur le mystère irréductible, § 7, 12 ; et sur les restrictions de nos prétentions, § 14, 16.

2. L'insistance sur les limites de nos prétentions de connaissance en renvoyant à celles de nos « véritables besoins », retrouve le souci d'ascèse et de relative modestie de l'esprit positif ; Comte développera de plus en plus ces thèmes précautionneux – il n'est pas nécessaire de chercher trop de précisions, ceci relève de l'orgueil spéculatif et entraîne dans l'empirisme dispersif ; par la suite, Comte mettra pour ainsi dire la science sous contrôle religieux. Où l'on voit encore que le positivisme n'est pas un scientisme : toute connaissance n'est pas bonne et nécessaire à chercher ; pour le positivisme, qui a surtout un projet de réorganisation socio-politique, la science est plutôt un instrument ; elle n'est pas une fin en elle-même. Et l'on n'a pas à chercher à tout connaître. Cf. *infra* § 23.

limitée, à un certain degré, par l'obligation fondamentale de leur réalité [1], c'est-à-dire d'une suffisante conformité à des types indépendants de nous. Dans son aveugle instinct de liaison, notre intelligence aspire presque à pouvoir toujours lier entre eux deux phénomènes quelconques, simultanés ou successifs ; mais l'étude du monde extérieur démontre, au contraire, que beaucoup de ces rapprochements seraient purement chimériques, et qu'une foule d'événements s'accomplissent continuellement sans aucune vraie dépendance mutuelle ; en sorte que ce penchant indispensable a autant besoin qu'aucun autre d'être réglé d'après une saine appréciation générale [2]. Longtemps habitué à une sorte d'unité de doctrine, quelque vague et illusoire qu'elle dût être, sous l'empire des fictions théologiques et des entités méta-

1. Voir les précisions sur le caractère « réel » de l'esprit positif, *infra* § 31.

2. A souligner les termes « instinct » et « penchant » employés par Comte pour décrire le fonctionnement de l'intelligence – cf. nos notes sur le § 7. Par ailleurs, Comte a souvent insisté sur les sages limites qu'il faut imposer à l'usage de notre intelligence, menacée, sinon, par la « folie » et l'« idiotisme » : cf. par exemple *Catéchisme,* p.100-101, *Système*, III, p.20-25. Pour Comte, il y a nécessité de compenser les excès spéculatifs par la considération des conditions et enjeux affectifs et actifs ; et, plus tard, Comte promeut un contrôle « religieux » sur la science et les savants.

physiques, l'esprit humain, en passant à l'état positif, a d'abord tenté de réduire tous les divers ordres de phénomènes à une seule loi commune. Mais tous les essais accomplis pendant les deux derniers siècles pour obtenir une explication universelle de la nature n'ont abouti qu'à discréditer radicalement une telle entreprise, désormais abandonnée aux intelligences mal cultivées [1]. Une judicieuse exploration du monde extérieur l'a représenté comme étant beaucoup moins lié que ne le suppose ou ne le désire notre entendement, que sa propre faiblesse dispose davantage à multiplier des relations favorables à sa marche, et surtout à son repos. Non seulement les six catégories fondamentales que nous distinguerons ci-dessous [2] entre les phénomènes naturels, ne sauraient certainement être toutes ramenées à une seule loi universelle ; mais il y a tout lieu d'assurer maintenant que l'unité d'explication, encore poursuivie par tant d'esprits sérieux envers chacune d'elles prise à part, nous est finalement interdite, même dans ce domaine beaucoup plus restreint. L'astro-

1. Contre les excès dans la recherche d'une « unité de doctrine », voir aussi *Cours*, 1re leçon, I, p.40-41 ; 33e leçon, I, p.534-535 ; 58e leçon, II, p.720. Voir également *Catéchisme*, 2e entretien.

2. Il s'agit des six sciences fondamentales, dont la hiérarchie est rappelée *infra* § 71-73.

nomie a fait naître, sous ce rapport, des espérances trop empiriques, qui ne sauraient se réaliser jamais pour les phénomènes plus compliqués, pas seulement quant à la physique proprement dite, dont les cinq branches principales resteront toujours distinctes entre elles, malgré leurs incontestables relations [1]. On est souvent disposé à s'exagérer beaucoup les inconvénients logiques d'une telle dispersion nécessaire, parce qu'on apprécie mal les avantages réels que présente la transformation des inductions en déductions. Néanmoins, il faut franchement reconnaître cette impossibilité directe de tout ramener à une seule loi positive comme une grave imperfection, suite inévitable de la condition humaine, qui nous force d'appliquer une très faible intelligence à un univers très compliqué.

<20> Mais, cette inconstestable nécessité, qu'il importe de reconnaître, afin d'éviter toute vaine déperdition de forces mentales, n'empêche nullement la science réelle de comporter, sous un autre aspect, une suffisante unité philosophique,

1. Voir dans le *Cours* l'inventaire de tout ce qu'il y a encore à faire comme recherches en Physique (28e à 32e leçons) ; Comte va jusqu'à dire que « le nombre des éléments irréductibles dont la physique générale doit être composée n'est même pas encore rationnellement fixé » (*Cours*, 59e leçon, II, p.759).

équivalente à celles que constituèrent passagèrement la théologie ou la métaphysique, et d'ailleurs très supérieure, aussi bien en stabilité qu'en plénitude. Pour en sentir la possibilité et en apprécier la nature, il faut d'abord recourir à la lumineuse distinction générale ébauchée par Kant entre les deux points de vue *objectif* et *subjectif*, propres à une étude quelconque [1]. Considérée sous le premier aspect, c'est-à-dire quant à la destination extérieure de nos théories, comme exacte représentation du monde réel, notre science n'est certainement pas susceptible d'une pleine systématisation, par suite d'une inévitable diversité entre les phénomènes fondamentaux. En ce sens, nous ne devons chercher d'autre unité que celle de la méthode positive envisagée dans son ensemble, sans prétendre à une véritable unité scientifique, en aspirant seulement à l'homogénéité et à la convergence des différentes doctrines [2]. Il en est tout autrement sous l'autre aspect, c'est-à-dire,

1. Le sens donné à « objectif » et « subjectif » par Comte a fort peu à voir avec la philosophie kantienne, que Comte ne semble d'ailleurs pas connaître précisément. En fait, s'ébauche ici la distinction entre les deux « méthodes » dont Comte dira que l'usage préférentiel marque ses « deux carrières » : la méthode « objective » qui est celle du *Cours*, la méthode « subjective » privilégiée dans le *Système* – cf. *Système*, I, p.444 et sq.

2. Voir aussi *Cours*, 1re leçon, I, p. 40.

quant à la source intérieure des théories humaines, envisagées comme des résultats naturels de notre évolution mentale, à la fois individuelle et collective, destinés à la satisfaction normale de nos propres besoins quelconques. Ainsi rapportées, non à l'univers, mais à l'homme, ou plutôt à l'humanité, nos connaissances réelles tendent, au contraire, avec une évidente spontanéité, vers une entière systématisation, aussi bien scientifique que logique [1]. On ne doit plus alors concevoir, au fond, qu'une seule science, la science humaine, ou plus exactement sociale, dont notre existence constitue à la fois le principe et le but, et dans laquelle vient naturellement se fondre l'étude rationnelle du monde extérieur, au double titre d'élément nécessaire et de préambule fondamental, également indispensable quant à la méthode et quant à la doctrine, comme je l'expliquerai ci-dessous [2]. C'est uniquement ainsi que nos connaissances positives peuvent former un véritable système, de manière à offrir un caractère pleinement satisfaisant. L'astronomie elle-même, quoique objectivement plus parfaite que les autres

1. Signalons, ici encore, le thème du passage du « spontané » au « systématique » qui détermine en fait la promotion de la philosophie « positive » en « positivisme ».

2. Voir *infra* § 37 et § 70.

branches de la philosophie naturelle, à raison de sa simplicité supérieure, n'est vraiment telle que sous cet aspect humain : car, l'ensemble de ce traité fera nettement sentir qu'elle devrait, au contraire, être jugée très imparfaite si on la rapportait à l'univers et non à l'homme ; puisque toutes nos études réelles y sont nécessairement bornées à notre monde, qui pourtant ne constitue qu'un minime élément de l'univers, dont l'exploration nous est essentiellement interdite [1]. Telle est donc la disposition générale qui doit finalement prévaloir dans la philosophie vraiment positive, non seulement quant aux théories directement relatives à l'homme et à la société, mais aussi envers celles qui concernent les plus simples phénomènes, les plus éloignés, en apparence, de cette commune appréciation : concevoir toutes nos spéculations

1. Tout ce passage doit être lu en parallèlle avec les analyses du *Cours*, 19e à 27e leçons, où Comte fait de l'astronomie la science fondatrice de la méthode d'observation, et l'« école de l'institution abstraite des véritables études théoriques » ; il lui attribue aussi le mérite d'avoir éradiqué les préjugés anthropocentriques ; sur la distinction entre l'étude du « monde » et les trop prétentieuses études de l'« univers », voir surtout 27e leçon – le thème est celui du premier chapitre de la première partie du *Traité philosophique d'astronomie populaire*. Des appréciations synthétiques sur l'astronomie sont reprises aussi dans *Système*, I, « Introduction fondamentale », chap. II, p.498-513.

comme des produits de notre intelligence, destinés à satisfaire nos divers besoins essentiels, en ne s'écartant jamais de l'homme qu'afin d'y mieux revenir, après avoir étudié les autres phénomènes en tant qu'indispensables à connaître, soit pour développer nos forces, soit pour apprécier notre nature et notre condition. On peut dès lors apercevoir comment la notion prépondérante de l'Humanité doit nécessairement constituer, dans l'état positif, une pleine systématisation mentale, au moins équivalente à celle qu'avait finalement comportée l'âge théologique d'après la grande conception de Dieu, si faiblement remplacée ensuite, à cet égard, pendant la transition métaphysique, par la vague pensée de la Nature [1].

<21> Après avoir ainsi caractérisé l'aptitude spontanée de l'esprit positif à constituer l'unité finale de notre entendement, il devient aisé de compléter cette explication fondamentale en l'étendant de l'individu à l'espèce [2]. Cette indispensable extension était jusqu'ici essentiellement impossible aux philosophes modernes, qui,

1. Les majuscules sont de Comte : on repère dans cette concurrence établie entre la notion d'Humanité et celle de Dieu le début de l'inflexion religieuse de la « philosophie positive » vers le « positivisme ».

2. A comparer avec les conclusions logiques et scientifiques du *Cours*, 58e et 59e leçons.

n'ayant pu suffisamment sortir eux-mêmes de l'état métaphysique, ne se sont jamais installés au point de vue social, seul susceptible néanmoins d'une pleine réalité, soit scientifique, soit logique, puisque l'homme ne se développe point isolément, mais collectivement [1]. En écartant, comme radicalement stérile, ou plutôt profondément nuisible, cette vicieuse abstraction de nos psychologues ou idéologues [2], la tendance systématique que nous venons d'apprécier dans l'esprit positif acquiert enfin toute son importance, parce qu'elle indique en lui le vrai fondement philosophique de la sociabilité humaine, en tant du moins que celle-ci dépend de l'intelligence, dont l'influence capitale, quoique nullement exclusive, ne saurait y être contestée [3]. C'est, en effet, le même problème

1. Voir *supra* § 14 et notes.

2. Les critiques des « psychologues ou idéologues » très tôt présentes chez Comte – voir par exemple lettre à Valat, 24 sept. 1819, *Corr.*, I, p.58-59 – sont très violentes dans le *Cours* – voir surtout 45e leçon.

3. La « sociabilité » dépend aussi pour Comte de « penchants » qu'il classera plus tard, dans sa « Théorie cérébrale » dans les « moteurs affectifs » d'ordre instinctif : il y aurait 3 instincts « sociaux » relevant des impulsions à l'« altruisme » – « attachement », « vénération », « bonté » ; et le problème serait précisément de les faire dominer sur les 7 instincts « personnels » ou impulsions d'« égoïsme ». Voir la « Classification des dix-huit fonctions intérieures du cerveau ou Tableau systématique

humain, à divers degrés de difficulté, que de constituer l'unité logique de chaque entendement isolé ou d'établir une convergence durable entre des entendements distincts, dont le nombre ne saurait essentiellement influer que sur la rapidité de l'opération. Aussi, en tout temps, celui qui a pu devenir suffisamment conséquent a-t-il acquis, par cela même, la faculté de rallier graduellement les autres, d'après la similitude fondamentale de notre espèce. La philosophie théologique n'a été, pendant l'enfance de l'humanité, la seule propre à systématiser la société que comme étant alors la source exclusive d'une certaine harmonie mentale. Si donc le privilège de la cohérence logique a désormais irrévocablement passé à l'esprit positif, ce qui ne peut guère être sérieusement contesté, il faut dès lors reconnaître aussi en lui l'unique principe effectif de cette grande communion intellectuelle qui devient la base nécessaire de toute véritable association humaine, quand elle est convenablement liée aux deux autres conditions fondamentales, une suffisante conformité de sentiments, et une certaine convergence d'intérêts [1]. La déplorable situation philosophique de

de l'âme », publié en 1851 dans *Système*, I, p.726, et repris dans le *Catéchisme,* Ire partie, 4e entretien.

1. On soulignera dans tout ce passage les appels de Comte à l'« harmonie », la « cohérence », la « commu-

l'élite de l'humanité suffirait aujourd'hui pour dispenser, à cet égard, de toute discussion, puisqu'on n'y observe plus de vraie communauté d'opinions que sur les sujets déjà ramenés à des théories positives, et qui, malheureusement, ne sont pas, à beaucoup près, les plus importants. Une appréciation directe et spéciale, qui serait ici déplacée, fait d'ailleurs sentir aisément que la philosophie positive peut seule réaliser graduellement ce noble projet d'association universelle que le catholicisme avait, au moyen âge, prématurément ébauché [1], mais qui était, au fond, nécessairement incompatible, comme l'expérience l'a pleinement constaté, avec la nature théologique de sa philosophie, laquelle instituait une trop faible cohérence logique pour comporter une telle efficacité sociale.

<22> L'aptitude fondamentale de l'esprit positif étant assez caractérisée désormais par rapport à la vie spéculative, il ne nous reste plus qu'à

nion », la « convergence », la « communauté d'opinions », le « ralliement », etc.

1. Les analyses sociologiques du *Cours* ont déjà fait l'éloge du catholicisme moyen-âgeux, en tant que pouvoir spirituel de ralliement. Dans la « religion de l'Humanité » que Comte instaure à partir de 1847, le catholicisme est souvent explicitement pris comme modèle pour les futures institutions.

la nouvelle religion

l'apprécier aussi envers la vie active [1], qui, sans pouvoir montrer en lui aucune propriété vraiment nouvelle, manifeste, d'une manière beaucoup plus complète et surtout plus décisive, l'ensemble des attributs que nous lui avons reconnus. Quoique les conceptions théologiques aient été, même sous cet aspect, longtemps nécessaires afin d'éveiller et de soutenir l'ardeur de l'homme par l'espoir indirect d'une sorte d'empire illimité, c'est pourtant à cet égard que l'esprit humain a dû témoigner d'abord sa prédilection finale pour les connaissances réelles. C'est surtout, en effet, comme base rationnelle de l'action de l'humanité sur le monde extérieur que l'étude positive de la nature commence aujourd'hui à être universellement goûtée. Rien n'est plus sage, au fond, que ce jugement vulgaire et spontané [2] ; car, une telle destination, lorsqu'elle est convenablement appréciée, rappelle nécessairement, par le plus heureux résumé, tous les grands caractères du véritable esprit philosophique, aussi bien quant à la rationalité que quant à la positivité. L'ordre naturel résulté, en chaque cas pratique, de l'ensemble des lois des phénomènes correspondants, doit

1. Suite du plan annoncé au § 17.

2. Voir l'importance du « bon sens » – thème développé *infra* § 34-36.

évidemment nous être d'abord bien connu pour que nous puissions ou le modifier à notre avantage, ou du moins y adapter notre conduite, si toute intervention humaine y est impossible, comme envers les événements célestes. Une telle application est surtout propre à rendre familièrement appréciable cette prévision rationnelle que nous avons vue constituer, à tous égards, le principal caractère de la vraie science ; car, la pure érudition, où les connaissances, réelles mais incohérentes, consistent en faits et non en lois [1], ne pourrait, évidemment, suffire à diriger notre activité : il serait superflu d'insister ici sur une explication aussi peu contestable. Il est vrai que l'exorbitante prépondérance maintenant accordée aux intérêts matériels a trop souvent conduit à comprendre cette liaison nécessaire de façon à compromettre gravement l'avenir scientifique, en tendant à restreindre les spéculations positives aux seules recherches d'une utilité immédiate. Mais cette aveugle disposition ne résulte que d'une manière fausse et étroite de concevoir la grande relation de la science à l'art [2], faute d'avoir assez

1. Thème comtien constant de la critique de l'érudition et de l'« empirisme dispersif » – voir ausi *supra* § 15.

2. Il faut comprendre le terme d'art en un sens très général, au sens d'application technique et de relation à l'action – y compris de morale et de politique. On touche ici

profondément apprécié l'une et l'autre. L'étude de l'astronomie est la plus propre de toutes à rectifier une telle tendance, soit parce que sa simplicité supérieure permet d'en mieux saisir l'ensemble, soit en vertu de la spontanéité plus intime des applications correspondantes, qui, depuis vingt siècles, s'y trouvent évidemment liées aux plus sublimes spéculations, comme ce traité le fera nettement sentir. Mais il importe surtout de bien reconnaître, à cet égard, que la relation fondamentale, entre la science et l'art n'a pu jusqu'ici être convenablement conçue, même chez les meilleurs esprits, par une suite nécessaire de l'insuffisante extension de la philosophie naturelle, restée encore étrangère aux recherches les plus importantes et les plus difficiles, celles qui concernent directement la société humaine. En effet, la conception rationnelle de l'action de

la relation entre l'art science

Bouveresse

une question importante, celle des rapports de la philosophie positive avec le matérialisme et l'utilitarisme : on a accusé l'une d'être liée aux autres, en dépit des claires protestations de Comte. Les rapports entre la science et l'art sont compris par Comte comme les rapports entre la théorie et la pratique : celle-là précédant et dirigeant celle-ci – voir aussi *Cours*, 2e leçon. La critique comtienne de la « prépondérance » des intérêts matériels et utilitaires est à rattacher aussi au souci de marquer les distances avec les visées « industrialistes » des doctrines de Saint-Simon et des saint-simoniens.

l'homme sur la nature est ainsi demeurée essentiellement bornée au monde inorganique, d'où résulterait une trop imparfaite excitation scientifique. Quand cette immense lacune aura été suffisamment comblée, comme elle commence à l'être aujourd'hui, on pourra sentir l'importance fondamentale de cette grande destination pratique pour stimuler habituellement, et souvent même pour mieux diriger, les plus éminentes spéculations, sous la seule condition normale d'une constante positivité [1]. Car, l'art ne sera plus alors uniquement géométrique, mécanique ou chimique, etc., mais aussi et surtout politique et moral, la principale action exercée par l'humanité devant, à tous égards, consister dans l'amélioration continue de sa propre nature, individuelle ou collective, entre les limites qu'indique, de même qu'en tout autre cas, l'ensemble des lois réelles. Lorsque cette solidarité spontanée de la science avec l'art aura pu ainsi être convenablement organisée, on ne peut douter que, bien loin de tendre aucunement à restreindre les saines spéculations philosophiques, elle leur assignerait, au contraire, un office final trop supérieur à leur portée effec-

1. Voir aussi dans *Cours*, 2e leçon, la manière dont Comte renvoie à plus tard l'étude des sciences concrètes et des applications.

tive, si d'avance on n'avait reconnu, en principe général, l'impossibilité de jamais rendre l'art purement rationnel, c'est-à-dire d'élever nos prévisions théoriques au véritable niveau de nos besoins pratiques. Dans les arts même les plus simples et les plus parfaits, un développement direct et spontané reste constamment indispensable, sans que les indications scientifiques puissent, en aucun cas, y suppléer complètement. Quelques satisfaisantes, par exemple, que soient devenues nos prévisions astronomiques, leur précision est encore, et sera probablement toujours, inférieure à nos justes exigences pratiques [1], comme j'aurai souvent lieu de l'indiquer.

<23> Cette tendance spontanée à constituer directement une entière harmonie entre la vie spéculative et la vie active [2] doit être finalement regardée comme le plus heureux privilège de l'esprit positif, dont aucune autre propriété ne peut aussi bien manifester le vrai caractère et faciliter l'ascendant réel. Notre ardeur spéculative se trouve ainsi entretenue, et même dirigée, par

Vue de la propriété

1. Il n'est donc pas plus question de négliger ces « exigences » que de mépriser « nos besoins réels ».

2. Le plan de Comte est toujours très net : étude des bienfaits de l'esprit positif pour la vie spéculative (§ 18-21) ; pour la vie active (§ 22) ; et pour l'harmonie de ces deux vies (§ 23).

une puissante stimulation continue, sans laquelle l'inertie naturelle de notre intelligence la disposerait souvent à satisfaire ses faibles besoins théoriques par des explications faciles [1], mais insuffisantes, tandis que la pensée de l'action finale rappelle toujours la condition d'une précision convenable. En même temps, cette grande destination pratique complète et circonscrit, en chaque cas, la prescription fondamentale relative à la découverte des lois naturelles, en tendant à déterminer, d'après les exigences de l'application, le degré de précision et d'étendue de notre prévoyance rationnelle, dont la juste mesure ne pourrait, en général, être autrement fixée [2]. Si, d'une part, la perfection scientifique ne saurait dépasser une telle limite, au-dessous de laquelle, au contraire, elle se trouvera réellement toujours, elle ne pourrait, d'une autre part, la franchir sans tomber aussitôt dans une appréciation trop minutieuse, non moins chimérique que stérile, et qui même compromettrait finalement tous les fondements de la véritable science, puisque nos lois ne peuvent jamais représenter les phénomènes qu'avec une certaine approximation, au-delà de laquelle il serait aussi dangereux qu'inutile de

1. Cf. *supra* § 7.
2. Cf. *supra* § 14, et § 18-19.

pousser nos recherches. Quand cette relation fondamentale de la science à l'art sera convenablement systématisée, elle tendra quelquefois, sans doute, à discréditer des tentatives théoriques dont la stérilité radicale serait incontestable ; mais, loin d'offrir aucun inconvénient réel, cette inévitable disposition deviendra dès lors très favorable à nos vrais intérêts spéculatifs, en prévenant cette vaine déperdition de nos faibles forces mentales qui résulte trop souvent aujourd'hui d'une aveugle spécialisation [1]. Dans l'évolution préliminaire de l'esprit positif, il a dû s'attacher partout aux questions quelconques qui lui devenaient accessibles, sans trop s'enquérir de leur importance finale, dérivée de leur relation propre à un ensemble qui ne pouvait d'abord être aperçu. Mais cet instinct provisoire, faute duquel la science eût souvent manqué alors d'une convenable alimentation, doit finir par se subordonner habituellement à une juste appréciation systématique, aussitôt que la pleine maturité de l'état positif aura suffisamment permis de saisir toujours les vrais rapports essentiels de chaque partie avec le tout, de manière à offrir constamment une large

1. Thème récurrent de la nécessité de la « juste mesure » et des « saines limites » dans l'emploi de notre intelligence : voir *supra* § 14, 15, 18, 19.

important

destination aux plus éminentes recherches, en évitant néanmoins toute spéculation puérile childlike [1].

<24> Au sujet de cette intime harmonie entre la science et l'art, il importe enfin de remarquer spécialement l'heureuse tendance qui en résulte pour développer et consolider l'ascendant social de la saine philosophie [2], par une suite spontanée de la prépondérance croissante qu'obtient évidemment la vie industrielle dans notre civilisation moderne. La philosophie théologique ne pouvait réellement convenir qu'à ces temps nécessaires de sociabilité préliminaire, où l'activité humaine doit être essentiellement militaire, afin de préparer graduellement une association normale et complète, qui était d'abord impossible, suivant la théorie historique que j'ai établie ailleurs [3]. Le polythéisme s'adaptait surtout au système de conquête de l'antiquité, et le monothéisme à l'or-

comparé polythéisme et monothéisme

1. C'est toujours le même mouvement : de l'instinct puéril à la maturité systématique.

2. Comte suit toujours le même plan dans ses appréciations : après les appréciations philosophiques générales, les précisions sur les enjeux et effets socio-politiques.

3. Il s'agit bien sûr des leçons de sociologie du *Cours* – 51e à 54e leçons surtout. Mais ces thèses avaient été esquissées dans les opuscules de jeunesse : *Plan* et *C.P.S.S.* surtout où la loi des trois états avait reçue une traduction « sociale ».

ganisation défensive du moyen âge. En faisant de plus en plus prévaloir la vie industrielle [1], la sociabilité moderne doit donc puissamment seconder la grande révolution mentale qui aujourd'hui élève définitivement notre intelligence du régime théologique au régime positif. Non seulement cette active tendance journalière à l'amélioration pratique de la condition humaine est nécessairement peu compatible avec les préoccupations religieuses, toujours relatives, surtout sous le monothéisme, à une tout autre destination. Mais, en outre, une telle activité est de nature à susciter finalement une oppposition universelle, aussi radicale que spontanée, à toute philosophie théologique. D'une part, en effet, la vie industrielle est, au fond, directement contraire à tout optimisme providentiel [2], puisqu'elle suppose nécessairement que l'ordre naturel est assez imparfait pour exiger sans cesse l'intervention humaine, tandis que la théologie n'admet logiquement d'autre moyen de le modifier que de solliciter un appui surnaturel. En second lieu,

1. L'expression est à entendre dans le sens large du XIXe siècle – voir les emplois chez les économistes, chez Saint-Simon et les saint-simoniens : la vie industrielle est la « production » de richesses – et comprend aussi l'agriculture et le commerce.

2. Voir *infra* § 29.

cette opposition, inhérente à l'ensemble de nos conceptions industrielles, se reproduit continuellement, sous des formes très variées, dans l'accomplissement spécial de nos opérations, où nous devons envisager le monde extérieur, non comme dirigé par des volontés quelconques, mais comme soumis à des lois, susceptibles de nous permettre une suffisante prévoyance, sans laquelle notre activité pratique ne comporterait aucune base rationnelle. Ainsi, la même corrélation fondamentale qui rend la vie industrielle si favorable à l'ascendant philosophique de l'esprit positif lui imprime, sous un autre aspect, une tendance antithéologique, plus ou moins prononcée, mais tôt ou tard inévitable, quels qu'aient pu être les efforts continus de sa sagesse sacerdotale pour contenir ou tempérer le caractère anti-industriel de la philosophie initiale, avec laquelle la vie guerrière était seule suffisamment conciliable. Telle est l'intime solidarité qui fait involontairement participer depuis longtemps tous les esprits modernes, mêmes les plus grossiers et les plus rebelles, au remplacement graduel de l'antique philosophie théologique par une philosophie pleinement positive, seule susceptible désormais d'un véritable ascendant social [1].

1. On se souviendra ici des écrits de jeunesse de

<25> Nous sommes ainsi conduits à compléter enfin l'appréciation directe du véritable esprit philosophique par une dernière explication [1] qui, quoique étant surtout négative, devient réellement indispensable aujourd'hui pour achever de caractériser suffisamment la nature et les conditions de la grande rénovation mentale maintenant nécessaire à l'élite de l'humanité, en manifestant directement l'incompatibilité finale des conceptions positives avec toutes les opinions théologiques quelconques, aussi bien monothéiques que polythéiques ou fétichiques. Les diverses considérations indiquées dans ce discours ont déjà démontré implicitement l'impossibilité d'aucune conciliation durable entre les deux philosophies, soit quant à la méthode, ou à la doctrine ; en sorte que toute incertitude à ce sujet peut être ici facilement dissipée. Sans doute, la science et la théologie ne sont pas d'abord en opposition ouverte, puisqu'elles ne se proposent point les mêmes questions ; c'est ce qui a longtemps permis

Comte publiés dans les recueils de Saint-Simon – *L'Industrie*, *Du système industriel*, etc. ; cependant Comte a très tôt dénoncé dans la vie industrielle la possibilité de nouveaux antagonismes et de conflits, qui exigent la réorganisation d'un « pouvoir spirituel » – voir *C.P.S.* (1826). Voir aussi les analyses sur « l'évolution industrielle » dans *Cours*, 56e leçon, II, p.493-527.

1. Suite du plan annoncé § 17.

l'essor partiel de l'esprit positif malgré l'ascendant général de l'esprit théologique, et même, à beaucoup d'égards, sous sa tutelle préalable. Mais quand la positivité rationnelle, bornée d'abord à d'humbles recherches mathématiques, que la théologie avait dédaigné d'atteindre spécialement, a commencé à s'étendre à l'étude directe de la nature, surtout par les théories astronomiques, la collision est devenue inévitable, quoique latente, en vertu du contraste fondamental, à la fois scientifique et logique, dès lors progressivement développé entre les deux ordres d'idées. Les motifs logiques d'après lesquels la science s'interdit radicalement les mystérieux problèmes dont la théologie s'occupe essentiellement, sont eux-mêmes de nature à discréditer tôt ou tard, chez tous les bons esprits, des spéculations qu'on n'écarte que comme étant, de toute nécessité, inaccessibles à la raison humaine. En outre, la sage réserve avec laquelle l'esprit positif procède graduellement envers des sujets très faciles doit faire indirectement apprécier la folle témérité de l'esprit théologique à l'égard des plus difficiles questions. Toutefois, c'est surtout par les doctrines que l'incompatibilité des deux philosophies doit éclater chez la plupart des intelligences, trop peu touchées d'ordinaire des simples dissidences de méthode, quoique celles-ci soient au fond les plus graves, comme étant la source nécessaire de toutes les autres [1]. Or, sous ce nouvel aspect, on ne peut méconnaître l'opposition radicale des deux ordres de conceptions, où les mêmes phénomènes sont tantôt attribués à des volontés directrices, et tantôt ramenés à des lois invariables. La mobilité irrégulière, naturellement inhérente à toute idée de volonté, ne peut aucunement s'accorder avec la constance des relations réelles. Aussi, à mesure que les lois physiques ont été connues, l'empire des volontés surnaturelles s'est trouvé de plus en plus restreint, étant toujours consacré surtout aux phénomènes dont les lois restaient ignorées. Une telle incompatibilité devient directement évidente quand on oppose la prévision rationnelle, qui constitue le principal caractère de la véritable science [2], à la divination par révélation spéciale, que la théologie doit représenter comme offrant le seul moyen légitime de connaître l'avenir. Il est vrai que l'esprit positif, parvenu à son entière maturité, tend aussi à subordonner la volonté elle-même à de véritables lois, dont l'existence est, en effet, tacitement supposée par la raison vulgaire, puisque les efforts pratiques pour modifier et

contredit ce qu'il dit à la page dernière

1. Sur les rapports des méthodes et des doctrines et leurs fonctions : cf. surtout *infra* § 35, 36.

2. Cf. *supra* § 15.

prévoir les volontés humaines ne sauraient avoir sans cela aucun fondement raisonnable. Mais une telle notion ne conduit nullement à concilier les deux modes opposés suivant lesquels la science et la théologie conçoivent nécessairement la direction effective des divers phénomènes. Car une semblable prévision et la conduite qui en résulte exigent évidemment une profonde connaissance réelle de l'être au sein duquel les volontés se produisent. Or, ce fondement préalable ne saurait provenir que d'un être au moins égal, jugeant ainsi par similitude ; on ne peut le concevoir de la part d'un inférieur, et la contradiction augmente avec l'inégalité de nature. Aussi la théologie a-t-elle toujours repoussé la prétention de pénétrer aucunement les desseins providentiels, de même qu'il serait absurde de supposer aux derniers animaux la faculté de prévoir les volontés de l'homme ou des autres animaux supérieurs. C'est néanmoins à cette folle hypothèse qu'on se trouverait nécessairement conduit pour concilier finalement l'esprit théologique avec l'esprit positif.

<26> Historiquement considérée, leur opposition radicale, applicable à toutes les phases essentielles de la philosophie initiale, est généralement admise depuis longtemps envers celles que les populations les plus avancées ont complètement franchies. Il est même certain que, à leur égard,

on exagère beaucoup une telle incompatibilité, par suite de ce dédain absolu qu'inspirent aveuglément nos habitudes monothéiques pour les deux états antérieurs du régime théologique. La saine philosophie, toujours obligée d'apprécier le mode nécessaire suivant lequel chacune des grandes phases successives de l'humanité a effectivement concouru à notre évolution fondamentale, rectifiera soigneusement ces injustes préjugés, qui empêchent toute véritable théorie historique [1]. Mais, quoique le polythéisme, et même le fétichisme, aient d'abord secondé réellement l'essor spontané de l'esprit d'observation, on doit pourtant reconnaître qu'ils ne pouvaient être vraiment compatibles avec le sentiment graduel de l'invariabilité des relations physiques, aussitôt qu'il a pu acquérir une certaine consistance systématique. Aussi doit-on concevoir cette inévitable opposition comme la principale source secrète des diverses transformations qui ont successivement décomposé la philosophie théologique en la réduisant de plus en plus. C'est ici le lieu de compléter, à ce sujet, l'indispensable explication indiquée au début de ce discours, où cette dissolution graduelle a été spécialement attribuée à

1. Comte a procédé à cette « saine rectification » *supra* § 7 et 8. Voir aussi *Cours*, 56e leçon, II, p.549.

l'état métaphysique proprement dit [1], qui, au fond, n'en pouvait être que le simple organe, et jamais le véritable agent. Il faut, en effet, remarquer que l'esprit positif, par suite du défaut de généralité qui devait caractériser sa lente évolution partielle, ne pouvait convenablement formuler ses propres tendances philosophiques, à peine devenues directement sensibles pendant nos derniers siècles. De là résultait la nécessité spéciale de l'intervention métaphysique, qui pouvait seule systématiser convenablement l'opposition spontanée de la science naissante à l'antique théologie. Mais, quoiqu'un tel office ait dû faire exagérer beaucoup l'importance effective de cet esprit transitoire, il est cependant facile de reconnaître que le progrès naturel des connaissances réelles donnait seule une sérieuse consistance à sa bruyante activité. Ce progrès continu, qui même avait d'abord déterminé, au fond, la transformation du fétichisme en polythéisme, a surtout constitué ensuite la source essentielle de la réduction du polythéisme au monothéisme. La collision ayant dû s'opérer principalement par les théories astronomiques, ce traité me fournira l'occasion naturelle de caractériser le degré précis de leur développement auquel il faut attribuer, en réalité,

1. Voir *supra* § 10 et 11.

l'irrévocable décadence mentale du régime polythéique, que nous reconnaîtrons alors logiquement incompatible avec la fondation décisive de l'astronomie mathématique par l'école de Thalès [1].

<27> L'étude rationnelle d'une telle opposition démontre clairement qu'elle ne pouvait se borner à la théologie ancienne, et qu'elle a dû s'étendre ensuite au monothéisme lui-même, quoique son énergie dût décroître avec sa nécessité, à mesure que l'esprit théologique continuait à déchoir par suite du même progrès spontané. Sans doute, cette extrême phase de la philosophie initiale était beaucoup moins contraire que les précédentes à l'essor des connaissances réelles, qui n'y rencontraient plus, à chaque pas, la dangereuse concurrence d'une explication surnaturelle spécialement formulée. Aussi est-ce surtout sous ce régime monothéique qu'a dû s'accomplir l'évolu-

1. Thalès de Milet est un mathématicien, physicien, astronome grec qui vécut probablement à la fin du VIIe et au début du VIe siècle av. J.C. Comte le considère comme l'un des grands héros de l'Humanité et lui consacre un Dimanche du mois qui célèbre « La Philosophie ancienne » dans le *Calendrier positiviste*. En fait, dans le *Traité philosophique d'astronomie populaire* comme dans le *Cours*, Comte insiste beaucoup sur le rôle d'Hipparque, astronome du IIe siècle av. J.C. – auquel le *Calendrier* consacre un Dimanche du mois qui célèbre « La Science ancienne ».

tion préliminaire de l'esprit positif. Mais l'incompatibilité, pour être moins explicite et plus tardive, n'en restait pas moins finalement inévitable, même avant le temps où la nouvelle philosophie serait devenue assez générale pour prendre un caractère vraiment organique [1], en remplaçant irrévocablement la théologie dans son office social aussi bien que dans sa destination mentale. Comme le conflit a dû encore s'opérer surtout par l'astronomie, je démontrerai ici avec précision quelle évolution plus avancée a étendu nécessairement jusqu'au plus simple monothéisme son opposition radicale, auparavant bornée au polythéisme proprement dit : on reconnaîtra alors que cette inévitable influence résulte de la découverte du double mouvement de la terre, bientôt suivie de la fondation de la mécanique céleste [2]. Dans l'état présent de la raison humaine, on peut assurer que le régime monothéique, longtemps favorable à

1. Le caractère « organique » d'une pensée signifie qu'elle est « organisée », construite et constructive de façon positive, et s'oppose au caractère « critique » désignant une pensée plutôt destructive et négative : voir *infra* § 32. On trouve aussi cette opposition dans les textes saint-simoniens.

2. Le « double mouvement de la terre » est étudié dans la 3e partie du *Traité philosophique d'astronomie populaire* ; la fondation de la mécanique céleste dans la 4ème partie.

l'essor primitif des connaissances réelles, entrave profondément la marche systématique qu'elles doivent prendre désormais, en empêchant le sentiment fondamental de l'invariabilité des lois physiques d'acquérir enfin son indispensable plénitude philosophique. Car, la pensée continue d'une subite perturbation arbitraire dans l'économie naturelle doit toujours rester inséparable, au moins virtuellement, de toute théologie quelconque, même réduite autant que possible. Sans un tel obstacle [1], en effet, qui ne peut cesser que par l'entière désuétude de l'esprit théologique, le spectacle journalier de l'ordre réel aurait déjà déterminé une adhésion universelle au principe fondamental de la philosophie positive.

<28> Plusieurs siècles avant que l'essor scientifique permit d'apprécier directement cette opposition radicale, la transition métaphysique avait tenté, sous sa secrète impulsion, de restreindre, au sein même du monothéisme, l'ascendant de la théologie, en faisant abstraitement prévaloir, dans la dernière période du moyen âge, la célèbre doctrine scolastique qui assujettit

1. Il y a ici chez Comte une véritable théorie de l'« obstacle » épistémologique, puisqu'il s'agit de montrer que ce qui a été un stimulant efficace pour la pensée scientifique est ensuite devenu un frein et un inconvénient à contourner.

l'action effective du moteur suprême à des lois invariables, qu'il aurait primitivement établies en s'interdisant de jamais les changer. Mais cette sorte de transaction spontanée entre le principe théologique et le principe positif ne comportait, évidemment, qu'une existence passagère, propre à faciliter davantage le déclin continu de l'un et le triomphe graduel de l'autre [1]. Son empire était même essentiellement borné aux esprits cultivés ; car, tant que la foi subsista réellement, l'instinct populaire dut toujours repousser avec énergie une conception qui, au fond, tendait à annuler le pouvoir providentiel, en le condamnant à une sublime inertie, qui laissait toute l'activité habituelle à la grande entité métaphysique, la Nature [2] étant ainsi régulièrement associée au gouvernement universel, à titre de ministre obligé et responsable, auquel devaient s'adresser désormais la plupart des plaintes et des vœux. On voit que, sous tous les aspects essentiels, cette conception ressemble beaucoup à celle que la situation moderne a fait de plus en plus prévaloir au sujet de la royauté constitutionnelle ; et cette analogie n'est

1. Sur le rôle de la scolastique dans l'état métaphysique, comme « transition » et « transaction », voir *Cours*, 54e leçon et surtout 56e leçon, II, p. 551 et sq.

2. La majuscule est de Comte : elle renvoie au statut de la Nature *supra* dans le § 20 *in fine*.

nullement fortuite, puisque le type théologique a fourni, en effet, la base rationnelle du type politique [1]. Cette doctrine contradictoire, qui ruine l'efficacité sociale du principe théologique, sans consacrer l'ascendant fondamental du principe positif, ne saurait correspondre à aucun état vraiment normal et durable : elle constitue seulement le plus puissant des moyens de transition propres au dernier office nécessaire de l'esprit métaphysique.

<29> Enfin, l'incompatibilité nécessaire de la science avec la théologie a dû se manifester aussi sous une autre forme générale, spécialement adaptée à l'état monothéique, en faisant de plus en plus ressortir l'imperfection radicale de l'ordre réel, ainsi opposée à l'inévitable optimisme providentiel [2]. Cet optimisme a dû, sans doute, rester longtemps conciliable avec l'essor spontané des

1. Dès les *Considérations philosophiques sur les sciences et les savants* (1825), Comte fait des parallèles entre les conceptions de l'ordre cosmologique et celle de l'ordre politique. D'où aussi la critique de l'anglomanie courante de ses contemporains, et de leurs éloges de la monarchie constitutionnelle et des régimes parlementaires. Voir sur ce point le différend important de Comte avec Saint-Simon, analysé dans notre article : « L'Europe positiviste : la 'République occidentale' », *Revue de la Société d'histoire des révolutions du XIXème siècle*, n°7, 1991, p.19-35.

2. Thème déjà un peu évoqué *supra* § 24.

connaissances positives, parce qu'une première analyse de la nature devait alors inspirer partout une naïve admiration pour le mode d'accomplissement des principaux phénomènes qui constituent l'ordre effectif. Mais cette disposition initiale tend ensuite à disparaître, non moins nécessairement, à mesure que l'esprit positif, prenant un caractère de plus en plus systématique, substitue peu à peu, au dogme des causes finales, le principe des conditions d'existence [1], qui en offre, à un plus haut degré, toutes les propriétés logiques, sans présenter aucun de ses graves dangers scientifiques. On cesse alors de s'étonner que la constitution des êtres naturels se trouve, en chaque cas, disposée de manière à permettre l'accomplissement de leurs phénomènes effectifs. En étudiant avec soin cette inévitable harmonie, dans l'unique dessein de la mieux connaître, on finit ensuite par remarquer les profondes imperfections que présente, à tous égards, l'ordre réel, presque toujours inférieur en sagesse à l'économie artificielle

1. L'expression « conditions d'existence » a été mise en italiques dans l'édition de 1898, pour souligner la différence, voire l'opposition, souvent affirmées par Comte entre la considération positive de ces « conditions » effectives contrôlables et le renvoi « métaphysique » à l'idée de causes finales. Ces distinctions ont surtout été développées par Comte à propos des études sur les phénomènes biologiques.

qu'établit notre faible intervention humaine dans son domaine borné [1]. Comme ces vices naturels doivent être d'autant plus grands qu'il s'agit de phénomènes plus compliqués, les indications irrécusables que nous offrira, sous cet aspect, l'ensemble de l'astronomie, suffiront ici pour faire pressentir combien une pareille appréciation doit s'étendre, avec une nouvelle énergie philosophique, à toutes les autres parties essentielles de la science réelle. Mais il importe surtout de comprendre, en général, au sujet d'une telle critique, qu'elle n'a pas seulement une destination passagère, à titre de moyen antithéologique. Elle se lie, d'une manière plus intime et plus durable, à l'esprit fondamental de la philosophie positive, dans la relation générale entre la spéculation et l'action. Si, d'une part, notre active intervention permanente repose, avant tout, sur l'exacte connaissance de l'économie naturelle, dont notre économie artificielle ne doit constituer, à tous égards, que l'amélioration progressive, il n'est pas moins certain, d'une autre part, que nous supposons ainsi l'imperfection nécessaire de cet ordre spontané, dont la modification graduelle constitue

1. D'où l'insistance de Comte sur nos possibilités d'intervention pour modifier les phénomènes : voir *infra* § 33.

le but journalier de tous nos efforts, individuels ou collectifs [1]. Abstraction faite de toute critique passagère, la juste appréciation des divers inconvénients propres à la constitution effective du monde réel doit donc être conçue désormais comme inhérente à l'ensemble de la philosophie positive, même envers les cas inaccessibles à nos faibles moyens de perfectionnements, afin de mieux connaître soit notre condition fondamentale, soit la destination essentielle de notre activité continue.

<30> Le concours spontané des diverses considérations générales indiquées dans ce discours suffit maintenant pour caractériser ici, sous tous les aspects principaux, le véritable esprit philosophique, qui, après une lente évolution préliminaire, atteint aujourd'hui son état systématique. Vu l'évidente obligation où nous sommes placés désormais de le qualifier habituellement par une courte dénomination spéciale, j'ai dû préférer celle à laquelle cette universelle prépa-

1. On peut, on doit intervenir : cela permettra le progrès, qui est de passer de l'ordre « spontané » à l'ordre « systématique ». Par là, Comte s'oppose à toutes les paresses et les attentismes appuyés sur les idées de « Providence ». Mais si notre intervention doit être « active » et « permanente », Comte ne conçoit pas que la culture artificielle s'oppose à l'économie naturelle : il s'agit plutôt de la mieux réaliser, et, comme toujours, de parfaire la nécessaire harmonie.

ration a procuré de plus en plus, pendant les trois derniers siècles, la précieuse propriété de résumer le mieux possible l'ensemble de ses attributs fondamentaux. Comme tous les termes vulgaires ainsi élevés graduellement à la dignité philosophique, le mot *positif*[1] offre, dans nos langues occidentales, plusieurs acceptions distinctes, même en écartant le sens grossier qui d'abord s'y attache chez les esprits mal cultivés. Mais il importe de noter ici que toutes ces diverses significations conviennent également à la nouvelle philosophie générale, dont elles indiquent alternativement différentes propriétés caractéristiques : ainsi, cette apparente ambiguïté n'offrira désormais aucun inconvénient réel. Il y faudra voir, au contraire, l'un des principaux exemples de cette admirable condensation de formules qui, chez les populations avancées, réunit, sous une seule expression usuelle, plusieurs attributs distincts, quand la raison publique est parvenue à reconnaître leur liaison permanente.

<31> Considéré d'abord dans son acception la plus ancienne et la plus commune, le motif *positif*[2]

1. Dans l'« Avertissement » du *Cours*, le mot *positif*, soulignait essentiellement le souci de « coordination des faits observés ».

2. Dans ce § et les suivants, alors que Comte souligne le mot *positif*, l'éditeur de 1898 a jugé bon de mettre en italiques les caractères répertoriés : réel, utile, certitude,

désigne le réel, par opposition au chimérique : sous ce rapport, il convient pleinement au nouvel esprit philosophique, ainsi caractérisé d'après sa constante consécration aux recherches vraiment accessibles à notre intelligence, à l'exclusion permanente des impénétrables mystères dont s'occupait surtout son enfance. En un second sens, très voisin du précédent, mais pourtant distinct, ce terme fondamental indique le contraste de l'utile à l'oiseux : alors il rappelle, en philosophie, la destination nécessaire de toutes nos saines spéculations pour l'amélioration continue de notre vraie condition, individuelle et collective, au lieu de la vaine satisfaction d'une stérile curiosité. Suivant une troisième signification usuelle, cette heureuse expression est fréquemment employée à qualifier l'opposition entre la certitude et l'indécision : elle indique ainsi l'aptitude caractéristique d'une telle philosophie à constituer spontanément l'harmonie logique dans l'individu et la communion spirituelle dans l'espèce entière, au lieu de ces doutes indéfinis et de ces débats interminables que devait susciter l'antique régime mental. Une quatrième

précis, organique, relatif. La même liste des caractéristiques du « positif » est reprise de façon plus condensée à la fin de la première partie du *Discours sur l'ensemble du positivisme* de 1848, qui sert de « Discours préliminaire » au *Système* en 1851 : cf. *Système*, I, p.57-58.

acception ordinaire, trop souvent confondue avec la précédente, consiste à opposer le précis au vague : ce sens rappelle la tendance constante du véritable esprit philosophique à obtenir partout le degré de précision compatible avec la nature des phénomènes et conforme à l'exigence de nos vrais besoins [1] ; tandis que l'ancienne manière de philosopher conduisait nécessairement à des opinions vagues, ne comportant une indispensable discipline que d'après une compression permanente, appuyée sur une autorité surnaturelle.

<32> Il faut enfin remarquer spécialement une cinquième application, moins usitée que les autres, quoique d'ailleurs pareillement universelle, quand on emploie le mot *positif* comme le contraire de négatif. Sous cet aspect, il indique l'une des plus éminentes propriétés de la vraie philosophie moderne, en la montrant destinée surtout, par sa nature, non à détruire, mais à organiser [2]. Les quatre caractères généraux que nous venons de rappeler la distinguent à la fois de tous les modes possibles, soit théologiques, soit métaphysiques, propres à la philosophie initiale. Cette dernière signification, en indiquant

1. Cf. *supra* § 14 et § 20.

2. Cf. l'opposition saint-simonienne entre « organique » et « critique », et *supra* § 27.

d'ailleurs une tendance continue du nouvel esprit philosophique, offre aujourd'hui une importance spéciale pour caractériser directement l'une de ses principales différences, non plus avec l'esprit théologique, qui fut longtemps organique, mais avec l'esprit métaphysique proprement dit, qui n'a jamais pu être que critique. Quelle qu'ait été, en effet, l'action dissolvante de la science réelle, cette influence fut toujours en elle purement indirecte et secondaire : son défaut même de systématisation empêchait jusqu'ici qu'il en pût être autrement ; et le grand office organique qui lui est maintenant échu s'opposerait désormais à une telle attribution accessoire, qu'il tend d'ailleurs à rendre superflue. La saine philosophie écarte radicalement, il est vrai, toutes les questions nécessairement insolubles : mais, en motivant leur rejet, elle évite de rien nier à leur égard, ce qui serait contradictoire à cette désuétude systématique, par laquelle seule doivent s'éteindre toutes les opinions vraiment indiscutables. Plus impartiale et plus tolérante envers chacune d'elles, vu sa commune indifférence, que ne peuvent l'être leurs partisans opposés, elle s'attache à apprécier historiquement leur influence respective, les conditions de leur durée et les motifs de leur décadence, sans prononcer jamais aucune négation absolue, même quand il s'agit des doctrines les plus antipathiques à l'état présent de la raison humaine chez les populations d'élite [1]. C'est ainsi qu'elle rend une scrupuleuse justice, non seulement aux divers systèmes de monothéisme autres que celui qui expire aujourd'hui parmi nous, mais aussi aux croyances polythéiques, ou même fétichiques, en les rapportant toujours aux phases correspondantes de l'évolution fondamentale. Sous l'aspect dogmatique, elle professe d'ailleurs que les conceptions quelconques de notre imagination, quand leur nature les rend nécessairement inaccessibles à toute observation, ne sont pas plus susceptibles dès lors de négation que d'affirmation vraiment décisives. Personne, sans doute, n'a jamais démontré logiquement la non-existence d'Apollon, de Minerve, etc., ni celle des fées orientales ou des diverses créations poétiques ; ce qui n'a nullement empêché l'esprit humain d'abandonner irrévocablement les dogmes antiques, quand ils ont enfin cessé de convenir à l'ensemble de sa situation [2].

1. Rappelons la critique faite par Comte des préjugés critiques dont « l'illustre Condorcet » lui-même n'a pas su se dégager : « il a condamné le passé au lieu de l'observer et par suite son ouvrage n'a été qu'une longue et fatigante déclamation dont il ne résulte réellement aucune instruction positive » (*Plan*, p.114).

2. Il ne s'agit donc pas pour autant de professer le scepticisme, dont Comte se défend aussi vigoureusement.

<33> Le seul caractère essentiel du nouvel esprit philosophique qui ne soit pas encore indiqué directement par le mot *positif*, consiste dans sa tendance nécessaire à substituer partout le relatif à l'absolu. Mais ce grand attribut, à la fois scientifique et logique, est tellement inhérent à la nature fondamentale des connaissances réelles, que sa considération générale ne tardera pas à se lier intimement aux divers aspects que cette formule combine déjà, quand le moderne régime intellectuel, jusqu'ici partiel et empirique, passera communément à l'état systématique [1]. La cinquième acception que nous venons d'apprécier est surtout propre à déterminer cette dernière condensation du nouveau langage philosophique, dès lors pleinement constitué, d'après l'évidente affinité des deux propriétés. On conçoit, en effet, que la nature absolue des anciennes doctrines, soit théologiques, soit métaphysiques, déterminait nécessairement chacune d'elles à devenir négative envers toutes les autres, sous peine de dégénérer elle-même en un absurde éclectisme. C'est, au contraire, en vertu de son génie relatif que la nouvelle philosophie peut toujours apprécier la

1. Rappelons que dès les premières présentations des trois états, Comte avait développé la nature relative de l'esprit positif : cf. *supra* § 13-14.

valeur propre des théories qui lui sont le plus opposées, sans toutefois aboutir jamais à aucune vaine concession, susceptible d'altérer la netteté de ses vues ou la fermeté de ses décisions. Il y a donc vraiment lieu de présumer, d'après l'ensemble d'une telle appréciation spéciale, que la formule employée ici pour qualifier habituellement cette philosophie définitive rappellera désormais, à tous les bons esprits, l'entière combinaison effective de ses diverses propriétés caractéristiques.

<34> Quand on recherche l'origine fondamentale d'une telle manière de philosopher, on ne tarde pas à reconnaître que sa spontanéité élémentaire coïncide réellement avec les premiers exercices pratiques de la raison humaine : car, l'ensemble des explications indiquées dans ce Discours démontre clairement que tous ses attributs principaux sont, au fond, les mêmes que ceux du bon sens universel [1]. Malgré l'ascendant mental de la plus grossière théologie, la conduite journalière de la vie active a toujours dû susciter, envers chaque ordre de phénomènes, une certaine

1. Cet appui sur le « bon sens » réfère aussi la philosophie positive à celle de Descartes que Comte désigne toujours comme l'un des fondateurs de l'esprit positif. Le *Calendrier positiviste* consacre d'ailleurs à Descartes le mois de « La Philosophie moderne ». Voir aussi l'usage du bon sens universel en morale *infra* § 50-51.

ébauche des lois naturelles et des prévisions correspondantes, dans quelque cas particuliers, qui seulement semblaient alors secondaires ou exceptionnels : or, tels sont, en effet, les germes nécessaires de la positivité, qui devait longtemps rester empirique avant de pouvoir devenir rationnelle [1]. Il importe beaucoup de sentir que, sous tous les aspects essentiels, le véritable esprit philosophique consiste surtout dans l'extension systématique du simple bon sens à toutes les spéculations vraiment accessibles [2]. Leur domaine est radicalement identique, puisque les plus grandes questions de la saine philosophie se rapportent partout aux phénomènes les plus vulgaires, envers lesquels les cas artificiels ne constituent qu'une préparation plus ou moins indispensable. Ce sont, de part et d'autre, le même point de départ expérimental, le même but de lier et de prévoir, la même préoccupation continue de la réalité, la même intention finale d'utilité. Toute leur différence essentielle consiste dans la généralité systématique de l'un,

1. A souligner ici encore la relative souplesse que Comte instaure dans les rapports entre les « états ». Voir aussi que la philosophie de l'histoire comtienne – avec sa conception de « germes » qui se développent – s'inspire plutôt d'un modèle biologique que mécanique.

2. Où l'on retrouve l'idée du passage du « spontané » au « systématique » souvent développée : par exemple *supra* § 28, 30.

tenant à son abstraction nécessaire, opposée à l'incohérente spécialité de l'autre, toujours occupé du concret [1].

<35> Envisagée sous l'aspect dogmatique [2], cette connexité fondamentale représente la science proprement dite comme un simple prolongement méthodique de la sagesse universelle. Aussi, bien loin de jamais remettre en question ce que celle-ci a vraiment décidé, les saines spéculations philosophiques doivent toujours emprunter à la raison commune leurs notions initiales, pour leur faire acquérir, par une élaboration systématique, un degré de généralité et de consistance qu'elles ne pouvaient obtenir spontanément. Pendant tout le cours d'une telle élaboration, le contrôle permanent de cette vulgaire sagesse conserve d'ailleurs une haute importance, afin de prévenir, autant que possible, les diverses aberrations, par négligence ou par illusion, que suscite souvent l'état continu d'abstraction indispensable à l'activité philosophique [3]. Malgré leur affinité nécessaire, le bon

1. Ici encore Comte utilise ses couples d'opérateurs habituels : général / spécial ; abstrait / concret – particulièrement développés dans *Cours*, 2e leçon.

2. Sur la différence et l'articulation des approches « dogmatique » et « historique », voir *Cours*, 2e leçon. L'aspect « historique » est traité au § suivant.

3. Cet éloge du bon sens et de la « vulgaire sagesse » est aussi à relier à la critique de plus en plus appuyée, et

sens proprement dit doit surtout rester préoccupé de réalité et d'utilité, tandis que l'esprit spécialement philosophique tend à apprécier davantage la généralité et la liaison, en sorte que leur double réaction journalière devient également favorable à chacun d'eux, en consolidant chez lui les qualités fondamentales qui s'y altéreraient naturellement. Une telle relation indique aussitôt combien sont nécessairement creuses et stériles les recherches spéculatives dirigées, en un sujet quelconque, vers les premiers principes, qui, devant toujours émaner de la sagesse vulgaire, n'appartiennent jamais au vrai domaine de la science, dont ils constituent, au contraire, les fondements spontanés et dès lors indiscutables ; ce qui élague radicalement une foule de controverses, oiseuses ou dangereuses, que nous a laissées l'ancien régime mental. On peut également sentir ainsi la profonde inanité finale de toutes les études préalables relatives à la logique abstraite, où il s'agit d'apprécier la vraie

même violente, qu'a développée Comte dans le dernier tome du *Cours de philosophie positive* contre les savants, traités de « pédantocrates ». Comte s'est alors tourné de plus en plus vers les prolétaires, qu'il intègre bientôt comme force régulatrice dans le « pouvoir spirituel », en leur adjoignant aussi les femmes : ainsi les savants seront sous contrôle. Voir le *Discours sur l'ensemble du positivisme*, repris dans *Système*, I.

méthode philosophique, isolément d'aucune application à un ordre quelconque de phénomènes. En effet, les seuls principes vraiment généraux que l'on puisse établir à cet égard se réduisent nécessairement, comme il est aisé de le vérifier sur les plus célèbres de ces aphorismes, à quelques maximes incontestables mais évidentes, empruntées à la raison commune, et qui n'ajoutent vraiment rien d'essentiel aux indications résultées, chez tous les bons esprits, d'un simple exercice spontané. Quant à la manière d'adapter ces règles universelles aux divers ordres de nos spéculations positives, ce qui constituerait la vraie difficulté et l'utilité réelle de tels préceptes logiques, elle ne saurait comporter de véritable appréciation que d'après une analyse spéciale des études correspondantes, conformément à la nature propre des phénomènes considérés. La saine philosophie ne sépare donc jamais la logique d'avec la science ; la méthode et la doctrine ne pouvant, en chaque cas, être bien jugées que d'après leurs vraies relations mutuelles : il n'est pas plus possible, au fond, de donner à la logique qu'à la science un caractère universel par des conceptions purement abstraites, indépendantes de tous phénomènes déterminés ; les tentatives de ce genre indiquent encore la secrète influence de l'esprit absolu inhérent au régime théologico-métaphysique [1].

<36> Considérée maintenant sous l'aspect historique, cette intime solidarité naturelle entre le génie propre de la vraie philosophie et le simple bon sens universel montre l'origine spontanée de l'esprit positif, partout résulté, en effet, d'une réaction spéciale de la raison pratique sur la raison théorique, dont le caractère initial a toujours été ainsi modifié de plus en plus. Mais cette transformation graduelle ne pouvait s'opérer à la fois, ni surtout avec une égale vitesse, sur les diverses classes de spéculations abstraites, toutes primitivement théologiques, comme nous l'avons reconnu. Cette constante impulsion concrète n'y pouvait faire pénétrer l'esprit positif que suivant un ordre déterminé, conforme à la complication croissante des phénomènes, et qui sera directement expliqué ci-dessous [2]. La positivité abstraite, nécessairement née dans les plus simples études mathéma-

1. Où l'on retrouve les réticences comtiennes contre la logique formelle et les discours de la « méthode » séparés de la méditation des « doctrines » – thème scandé avec insistance dans le *Cours* : cf. par exemple *Cours*, 2e leçon, I, p.62 ; 33e leçon, I, p.534-535 ; 58e leçon, II, p.720, 740-741. C'est la 58e leçon, c'est-à-dire l'une des dernières du *Cours*, qui est selon Comte l'exposé de sa « logique » et son « Discours de la méthode ».

2. Cf. *infra*, à partir du § 70.

tiques, et propagée ensuite par voie d'affinité spontanée ou d'imitation instinctive [1], ne pouvait donc offrir d'abord qu'un caractère spécial et même, à beaucoup d'égards, empirique, qui devait longtemps dissimuler, à la plupart de ses promoteurs, soit son incompatibilité inévitable avec la philosophie initiale, soit surtout sa tendance radicale à fonder un nouveau régime logique. Ses progrès continus, sous l'impulsion croissante de la raison vulgaire, ne pouvaient alors déterminer directement que le triomphe préalable de l'esprit métaphysique, destiné, par sa généralité spontanée, à lui servir d'organe philosophique, pendant les siècles écoulés entre la préparation mentale du monothéisme et sa pleine installation sociale, après laquelle le régime ontologique, ayant obtenu tout l'ascendant que comportait sa nature, est bientôt devenu oppressif pour l'essor scientifique, qu'il avait jusque-là secondé. Aussi l'esprit positif n'a-t-il pu manifester suffisamment sa propre tendance philosophique que quand il s'est trouvé enfin conduit, par cette oppression, à lutter spéciale-

1. Comte décrit ici encore la genèse de la positivité à partir d'une origine spontanée, suivie d'une propagation par « imitation instinctive » : à rapprocher de l'exposé de la genèse du principe d'invariabilité des lois et son extension par « analogie », *supra* § 16 et de l'« instinct de liaison », « penchant » de notre intelligence, analysé § 19.

ment contre l'esprit métaphysique, avec lequel il avait dû longtemps sembler confondu. C'est pourquoi la première fondation systématique de la philosophie positive ne saurait remonter au-delà de la mémorable crise où l'ensemble du régime ontologique a commencé à succomber, dans tout l'occident européen, sous le concours spontané de deux admirables impulsions mentales, l'une, scientifique, émanée de Kepler et Galilée, l'autre, philosophique, due à Bacon et à Descartes [1]. L'imparfaite unité métaphysique constituée à la fin du moyen âge a été dès lors irrévocablement dissoute, comme l'ontologie grecque avait déjà détruit à jamais la grande unité théologique, correspondante au polythéisme. Depuis cette crise vraiment décisive, l'esprit positif, grandissant davantage en deux siècles qu'il n'avait pu le faire pendant toute sa longue carrière antérieure, n'a plus laissé possible d'autre unité mentale que celle qui résulterait de son propre ascendant universel, chaque nouveau domaine successivement acquis

1. Ces pères fondateurs de la positivité n'ont tout de même pas place égale dans la hiérarchie des héros de l'Humanité. Voir les distributions du *Calendrier positiviste*. Le français Descartes – héros éponyme d'un mois – reste privilégié. Cf. aussi *infra* § 37, l'ordre du duo « Descartes et Bacon » qui inverse la chronologie. Voir aussi *Cours*, 1re leçon, I, p.27 ; 57e leçon, II, p. 570-572.

par lui ne pouvant plus jamais retourner à la théologie ni à la métaphysique, en vertu de la consécration définitive que ces acquisitions croissantes trouvaient de plus en plus dans la raison vulgaire. C'est seulement par une telle systématisation que la sagesse théorique rendra véritablement à la sagesse pratique un digne équivalent, en généralité et en consistance, de l'office fondamental qu'elle en a reçu, en réalité et en efficacité, pendant sa lente initiation graduelle : car, les notions positives obtenues dans les deux derniers siècles sont, à vrai dire, bien plus précieuses comme matériaux ultérieurs d'une nouvelle philosophie générale que par leur valeur directe et spéciale, la plupart d'entre elles n'ayant pu encore acquérir leur caractère définitif, ni scientifique, ni même logique [1].

1. A bien remarquer le caractère ouvert de la « philosophie positive » de Comte : en aucun cas, il ne pense qu'elle est « définitive » au sens de « terminée ». Comte se propose d'ailleurs de reprendre bientôt toute une élaboration synthétique du point de vue de ce qu'il appellera la « méthode subjective ». Le *Système de politique positive* est ainsi une autre entreprise de construction d'une « nouvelle philosophise générale ». Et, sitôt fait ce second Traité, Comte s'apprêtait à tout reprendre du point de vue de la *Synthèse subjective* ; sa mort laissera ce nouvel ensemble inachevé.

<37> L'ensemble de notre évolution mentale, et surtout le grand mouvement accompli, en Europe occidentale, depuis Descartes et Bacon, ne laissent donc désormais d'autre issue possible que de constituer enfin, après tant de préambules nécessaires, l'état vraiment normal de la raison humaine, en procurant à l'esprit positif la plénitude et la rationalité qui lui manquent encore, de manière à établir, entre le génie philosophique et le bon sens universel, une harmonie qui jusqu'ici n'avait jamais pu exister suffisamment. Or, en étudiant ces deux conditions simultanées, de complément et de systématisation, que doit aujourd'hui remplir la science réelle pour s'élever à la dignité d'une vraie philosophie, on ne tarde pas à reconnaître qu'elles coïncident finalement. D'une part, en effet, la grande crise initiale de la positivité moderne n'a essentiellement laissé en dehors du mouvement scientifique proprement dit que les théories morales et sociales [1], dès lors restées dans un irrationnel isolement, sous la stérile domination de l'esprit théologico-métaphysique : c'est donc à les amener aussi à l'état positif que devait surtout consister, de nos jours,

1. Il est important de souligner l'ordre dans lequel Comte parle des « théories morales et sociales », car bientôt la « morale » devient dans le système comtien une septième science.

la dernière épreuve du véritable esprit philosophique, dont l'extension successive à tous les autres phénomènes fondamentaux se trouvait déjà assez ébauchée. Mais, d'une autre part, cette dernière expansion de la philosophie naturelle tendait spontanément à la systématiser aussitôt, en constituant l'unique point de vue, soit scientifique, soit logique, qui puisse dominer l'ensemble de nos spéculations réelles, toujours nécessairement réductibles à l'aspect humain, c'est-à-dire social, seul susceptible d'une active universalité. Tel est le double but philosophique de l'élaboration fondamentale, à la fois spéciale et générale, que j'ai osé entreprendre dans le grand ouvrage indiqué au début de ce discours [1] : les plus éminents penseurs contemporains [2] la jugent ainsi assez accomplie pour avoir déjà posé les véritables bases directes de l'entière rénovation mentale projetée par Bacon et Descartes, mais dont l'exécution décisive était réservée à notre siècle.

<38> Pour que cette systématisation finale des conceptions humaines soit aujourd'hui assez

1. Il s'agit bien sûr d'une allusion au *Cours de philosophie positive*.

2. Parmi ces « éminents penseurs contemporains », Comte avait alors reçu le ferme appui de J. S. Mill depuis 1841, et de Emile Littré qui publie en 1844 une suite d'articles très élogieux dans le journal *Le National*.

caractérisée, il ne suffit pas d'apprécier, comme nous venons de la faire, sa destination théorique ; il faut aussi considérer ici, d'une manière distincte quoique sommaire, son aptitude nécessaire à constituer la seule issue intellectuelle que puisse réellement comporter l'immense crise sociale développée, depuis un demi-siècle, dans l'ensemble de l'occident européen et surtout en France [1].

<39> Tandis que s'y accomplissait graduellement, pendant les cinq derniers siècles, l'irrévocable dissolution de la philosophie théologique [2], le système politique dont elle formait la base mentale subissait de plus en plus une décomposition non moins radicale, pareillement présidée par l'esprit métaphysique [3]. Ce double

1. Ici commence la seconde grande partie de ce *Discours sur l'esprit positif*, suivant le plan esquissé par Comte lui-même : « Appréciation sommaire de l'extrême importance sociale que présente aujourd'hui l'universelle propagation des principales études positives ». L'édition de 1898 proposait pour cette deuxième partie le titre général de « Supériorité sociale de l'esprit positif », titre qui nous paraît un peu trop renforcer le dogmatisme du propos comtien et en estomper l'aspect programmatif.

2. Cf. *supra* § 11.

3. Toutes ces analyses historiques doivent être rapportées à celles de l'opuscule de jeunesse *Sommaire appréciation de l'ensemble du passé moderne* (1820), et surtout à celles du *Cours*, 55e et 56e leçons. Il est capital de voir que la philosophie de l'histoire de Comte s'appuie sur

mouvement négatif avait pour organes essentiels et solidaires, d'une part, les universités, d'abord émanées mais bientôt rivales de la puissance sacerdotale ; d'une autre part, les diverses corporations de légistes, graduellement hostiles aux pouvoirs féodaux : seulement, à mesure que l'action critique se disséminait, ses agents, sans changer de nature, devenaient plus nombreux et plus subalternes ; en sorte que, au dix-huitième siècle, la principale activité révolutionnaire dut passer, dans l'ordre philosophique, des docteurs proprement dits aux simples littérateurs, et ensuite, dans l'ordre politique, des juges aux avocats. La grande crise finale [1] a nécessairement commencé quand cette commune décadence, d'abord spontanée, puis systématique, à laquelle, d'ailleurs, toutes les classes quelconques de la société moderne avaient diversement concouru, est enfin parvenue au point de rendre universellement irrécusable l'impossibilité de conserver le régime ancien et le besoin croissant d'un ordre

la longue durée : la « crise sociale » commence au XIVe siècle. Et Comte combine l'analyse des bouleversements dans le « pouvoir spirituel » et dans le « pouvoir temporel ».

1. Il s'agit de la Révolution française. Comte lui donne une telle importance qu'il prendra la date de 1789 comme date initiale du nouveau *Calendrier positiviste* : voir les explications dans *Corr.*, IV, Annexes, p.292 et sq.

nouveau. Dès son origine, cette crise a toujours tendu à transformer en un vaste mouvement organique le mouvement critique des cinq siècles antérieurs, en se présentant comme destinée surtout à opérer directement la régénération sociale, dont tous les préambules négatifs se trouvaient alors suffisamment accomplis. Mais cette transformation décisive, quoique de plus en plus urgente, a dû rester jusqu'ici essentiellement impossible, faute d'une philosophie vraiment propre à lui fournir une base intellectuelle indispensable [1]. Au temps même où le suffisant accomplissement de la décomposition préalable exigeait la désuétude des doctrines purement négatives qui l'avaient dirigée, une fatale illusion, alors inévitable, conduisit, au contraire, à accorder spontanément à l'esprit métaphysique, seul actif pendant ce long préambule, la présidence générale du mouvement de réorganisation [2].

1. Où l'on retrouve l'insistance comtienne sur la priorité de la réorganisation théorique et spirituelle, seule susceptible de donner des bases sûres à la réorganisation pratique sociale. Cf. aussi *Plan*, et *Cours*, 1re leçon.

2. Comte critique ici la confiance donnée aux « légistes » et la manière dont les révolutionnaires ont longtemps cherché des solutions du côté d'un régime parlementaire. Comte n'apprécie guère les premiers temps de la Révolution française menée par les Assemblées Constituante et Législative. Plus tard, au moment de la

Quand une expérience pleinement décisive eut à jamais constaté, aux yeux de tous, l'entière impuissance organique d'une telle philosophie, l'absence de toute autre théorie ne permit pas de satisfaire d'abord aux besoins d'ordre, qui déjà prévalaient [1], autrement que par une sorte de restauration passagère de ce même système, mental et social, dont l'irréparable décadence avait donné lieu à la crise. Enfin, le développement de cette réaction rétrograde dut ensuite déterminer une mémorable manifestation [2], que nos lacunes philosophiques rendaient aussi indispensable qu'inévitable, afin de démontrer irrévocablement que le progrès constitue, tout autant que l'ordre,

Révolution de 1848, lorsque Comte méditera un « Plan de gouvernement provisoire », il proposera le modèle de l'organisation de 1793 – voir ce texte dans *Corr.*, IV, Annexes, p.284 et sq.

1. Le souci d'ordre est capital, voire prioritaire, pour Comte. Ce que dit l'ordre de la devise positiviste « Ordre et Progrès ». Voir aussi *infra* l'ordre des analyses des § 42-45.

2. Il s'agit de la Révolution de 1830. Comte ne lui accorde cependant pas une importance capitale : voir l'expression « mémorable secousse » dans *Cours*, 46e leçon, p.22. Comte réagira par contre immédiatement et très fortement à la Révolution de 1848.

l'une des deux conditions fondamentales de la civilisation moderne [1].

<40> Le concours naturel de ces deux épreuves irrécusables, dont le renouvellement est maintenant devenu aussi impossible qu'inutile, nous a conduits aujourd'hui à cette étrange situation où rien de vraiment grand ne peut être entrepris, ni pour l'ordre, ni pour le progrès, faute d'une philosophie réellement adaptée à l'ensemble de nos besoins. Tout sérieux effort de réorganisation s'arrête bientôt devant les craintes de rétrogradation qu'il doit naturellement inspirer, en un temps où les idées d'ordre émanent encore essentiellement du type ancien, devenu justement antipathique aux populations actuelles : de même, les tentatives d'accélération directe de la progression politique ne tardent pas à être radicalement entravées par les inquiétudes très légitimes qu'elles doivent susciter sur l'imminence de l'anarchie, tant que les idées de progrès restent

1. Sur la « nécessaire conciliation de l'ordre et du progrès », voir surtout *Cours*, 46e leçon, où Comte reprend d'ailleurs les analyses de ses textes de jeunesse : en gros, les programmes des « rois » visent d'abord l'ordre, ceux des « peuples » d'abord le progrès ; d'où leurs oppositions et les oscillations de l'histoire. Cf. aussi *Cours*, 48e leçon, II, p.110-111.

surtout négatives [1]. Comme avant la crise, la lutte apparente demeure donc engagée entre l'esprit théologique, reconnu incompatible avec le progrès, qu'il a été conduit à nier dogmatiquement, et l'esprit métaphysique, qui, après avoir abouti, en philosophie, au doute universel, n'a pu tendre, en politique, qu'à constituer le désordre, ou un état équivalent de non-gouvernement. Mais, d'après le sentiment unanime de leur commune insuffisance, ni l'un ni l'autre ne peut plus inspirer désormais, chez les gouvernants ou chez les gouvernés, de profondes convictions actives. Leur antagonisme continue pourtant à les alimenter mutuellement, sans qu'aucun d'eux puisse davantage comporter une véritable désuétude qu'un triomphe décisif ; parce que notre situation intellectuelle les rend encore indispensables pour représenter, d'une manière quelconque, les conditions simultanées, d'une part de l'ordre, d'une autre part du progrès, jusqu'à ce qu'une même philosophie puisse y

1. Sur les craintes et les critiques de l'anarchie, voir aussi les *Considérations sur le pouvoir spirituel* (1826), reprises d'ailleurs en partie dans les premières leçons de physique sociale du *Cours*. Ces profondes réticences de Comte vis-à-vis de l'anarchie l'amènent plus tard à prendre de plus en plus de distance avec les « révolutionnaires », à accepter, au moins provisoirement, le coup d'état, puis le Second Empire, et à lancer en 1855 un *Appel aux conservateurs*.

satisfaire également, de manière à rendre enfin pareillement inutiles l'école rétrograde et l'école négative, dont chacune est surtout destinée aujourd'hui à empêcher l'entière prépondérance de l'autre [1]. Néanmoins, les inquiétudes opposées, relatives à ces deux dominations contraires, devront naturellement persister à la fois, tant que durera cet interrègne mental, par une suite inévitable de cette irrationnelle scission entre les deux faces inséparables du grand problème social. En effet, chacune des deux écoles, en vertu de son exclusive préoccupation, n'est plus même capable désormais de contenir suffisamment les aberrations inverses de son antagoniste. Malgré sa tendance antianarchique, l'école théologique s'est

1. L'« école rétrograde » est celle qui s'appuie sur un système théologique et militaire : pour Comte « le plus éminent penseur de l'école catholique actuelle » est Joseph de Maistre (1753-1821) et Comte s'inspire en partie de son traité *Du Pape* (1821) ; Louis de Bonald (1754-1840) est aussi un auteur de cette école dont Comte apprécie certaines idées. L'« école négative » désigne les révolutionnaires : Comte trouve qu'elle n'est aussi qu'une « métaphysique » s'appuyant sur le droit absolu de libre examen, l'appel au « dogme de l'égalité » et au « dogme de la souveraineté du peuple », et qu'au niveau des relations internationales « les notions métaphysiques d'indépendance et d'isolement national » conduisent à un « esprit absolu de nationalité » empêchant toute tentative de réorganisation européenne. Cf. *Cours*, 46e leçon, II, p.18-43.

montrée, de nos jours, radicalement impuissante à empêcher l'essor des opinions subversives, qui, après s'être développées surtout pendant sa principale restauration, sont souvent propagées par elle, pour de frivoles calculs dynastiques [1]. Semblablement, quelque soit l'instinct antirétrograde de l'école métaphysique, elle n'a plus aujourd'hui toute la force logique qu'exigerait son simple office révolutionnaire, parce que son inconséquence caractéristique l'oblige à admettre les principes essentiels de ce même système dont elle attaque sans cesse les vraies conditions d'existence.

<41> Cette déplorable oscillation entre deux philosophies opposées, devenues également vaines, et ne pouvant s'éteindre qu'à la fois, devait susciter le développement d'une sorte d'école intermédiaire, essentiellement stationnaire [2], destinée surtout à rappeler directement l'ensemble de la question sociale, en proclamant enfin comme pareillement nécessaires les deux conditions fondamentales qu'isolaient les deux opinions

1. Comte fait allusion aux luttes entre partisans des Bourbons, des Orléans et Bonapartistes.

2. Sur cette « école stationnaire », cf. *Cours*, 46e leçon, II, p.43-46. Il s'agit des partisans d'une politique constitutionnaliste et parlementaire et du parti des « doctrinaires » dont les principaux représentants sont Royer-Collard (1763-1845), et Guizot (1787-1874).

actives. Mais, faute d'une philosophie propre à réaliser cette grande combinaison de l'esprit d'ordre avec l'esprit de progrès, cette troisième impulsion reste logiquement encore plus impuissante que les deux autres, parce qu'elle systématise l'inconséquence, en consacrant simultanément les principes rétrogrades et les maximes négatives, afin de pouvoir les neutraliser mutuellement. Loin de tendre à terminer la crise, une telle disposition ne pourrait aboutir qu'à l'éterniser, en s'opposant directement à toute vraie prépondérance d'un système quelconque, si on ne la bornait pas à une simple destination passagère, pour satisfaire empiriquement aux plus graves exigences de notre situation révolutionnaire, jusqu'à l'avènement décisif des seules doctrines qui puissent désormais convenir à l'ensemble de nos besoins. Mais, ainsi conçu, cet expédient provisoire est aujourd'hui devenu aussi indispensable qu'inévitable. Son rapide ascendant pratique, implicitement reconnu par les deux partis actifs, constate de plus en plus, chez les populations actuelles, l'amortissement simultané des convictions et des passions antérieures, soit rétrogrades, soit critiques, graduellement remplacées par un sentiment universel, réel quoique confus, de la nécessité, et même de la possibilité, d'une conciliation permanente entre l'esprit de conservation et l'esprit d'amélioration, également propres à l'état normal de l'humanité. La tendance correspondante des hommes d'État à empêcher aujourd'hui, autant que possible, tout grand mouvement politique, se trouve d'ailleurs spontanément conforme aux exigences fondamentales d'une situation qui ne comportera réellement que des institutions provisoires, tant qu'une vraie philosophie générale n'aura pas suffisamment rallié les intelligences. A l'insu des pouvoirs actuels, cette résistance instinctive concourt à faciliter la véritable solution, en poussant à transformer une stérile agitation politique en une active progression philosophique, de manière à suivre enfin la marche prescrite par la nature propre de la réorganisation finale, qui doit d'abord s'opérer dans les idées, pour passer ensuite aux mœurs, et, en dernier lieu, aux institutions [1]. Une telle transformation, qui déjà tend à prévaloir en

1. Cf. *Cours*, 1re leçon, I, p.38 : « Ce n'est pas aux lecteurs de cet ouvrage que je croirai devoir prouver que les idées gouvernent et bouleversent le monde, ou, en d'autres termes, que tout le mécanisme social repose finalement sur des opinions. Ils savent surtout que la grande crise politique et morale des sociétés actuelles tient, en dernière analyse, à l'anarchie intellectuelle [...]. Il est également certain que, si cette réunion des esprits dans une même communion de principes peut une fois être obtenue, les institutions convenables en découleront nécessairement ». L'ordre ici indiqué rend compte aussi du plan suivi par Comte dans ce *Discours*.

France, devra naturellement se développer partout de plus en plus, vu la nécessité croissante où se trouvent maintenant placés nos gouvernements occidentaux de maintenir à grands frais l'ordre matériel au milieu du désordre intellectuel et moral, nécessité qui doit peu à peu absorber essentiellement leurs efforts journaliers, en les conduisant à renoncer implicitement à toute sérieuse présidence de la réorganisation spirituelle, ainsi livrée désormais à la libre activité des philosophes qui se montreraient dignes de la diriger. Cette disposition naturelle des pouvoirs actuels est en harmonie avec la tendance spontanée des populations à une apparente indifférence politique, motivée sur l'impuissance radicale des diverses doctrines en circulation, et qui doit toujours persister tant que les débats politiques continueront, faute d'une impulsion convenable, à dégénérer en de vaines luttes personnelles, de plus en plus misérables [1]. Telle est l'heureuse efficacité pratique que l'ensemble de notre situation révolutionnaire procure momentanément à une école essentiellement empirique, qui, sous l'aspect théorique, ne peut jamais produire qu'un système radicalement contradictoire, non moins absurde et

1. Toutes ces analyses résument celles de la 46e leçon du *Cours*.

non moins dangereux, en politique, que l'est, en philosophie, l'éclectisme [1] correspondant, inspiré aussi par une vaine intention de concilier, sans principes propres, des opinions incompatibles.

<42> D'après ce sentiment, de plus en plus développé, de l'égale insuffisance sociale qu'offrent désormais l'esprit théologique et l'esprit métaphysique, qui seuls jusqu'ici ont activement disputé l'empire, la raison publique doit se trouver implicitement disposée à accueillir aujourd'hui l'esprit positif comme l'unique base possible d'une vraie résolution de la profonde anarchie intellectuelle et morale qui caractérise surtout la grande crise moderne [2]. Restée encore étrangère à de telles questions, l'école positive [3] s'y est graduellement préparée en constituant, autant que possible, pendant la lutte révolutionnaire des trois derniers siècles, le véritable état normal de toutes les classes plus simples de nos spéculations réelles. Forte de tels antécédents, scientifiques et logiques, pure d'ailleurs des diver-

1. Victor Cousin (1792-1867) en fut le fondateur et le principal représentant.

2. Comparer avec les analyses du *Cours*, 46e leçon, mais aussi 57e leçon, II, p.686-690.

3. Voir lettre de Comte à J. S. Mill, 6 février 1844, où Comte présente son *Discours* comme « le manifeste systématique de la nouvelle école », *Corr.*, II, p.238.

ses aberrations contemporaines, elle se présente aujourd'hui comme venant enfin d'acquérir l'entière généralité philosophique qui lui manquait jusqu'ici ; dès lors elle ose entreprendre, à son tour, la solution, encore intacte, du grand problème, en transportant convenablement aux études finales la même régénération qu'elle a successivement opérée déjà envers les différentes études préliminaires [1].

<43> On ne peut d'abord méconnaître l'aptitude spontanée d'une telle philosophie à constituer directement la conciliation fondamentale, encore si vainement cherchée, entre les exigences simultanées de l'ordre et du progrès [2] ; puisqu'il lui

1. Cette ordonnance des « études préliminaires » et des « études finales » renvoient à la classification hiérarchique des sciences instaurée dans le *Cours*. Les « études finales » relèvent de la « sociologie » inventée par Comte, qui se propose de lui consacrer son second grand traité : *Système de politique positive ou Traité de sociologie*.

2. Cf. *supra* § 18 et § 39. « Ordre et progrès » est devenue la devise du positivisme – et elle fut inscrite par les disciples sur la page de titre de l'édition de 1898 de ce *Discours*. Le cachet de la devise est institué le 18 janvier 1848. Puis en février 1848 Comte l'inscrit sur le prospectus annonçant la fondation de l'*Association libre pour l'instruction positive du peuple de tout l'Occident européen*, qui devient en mars la *Société positiviste*. Cette devise est bientôt complétée, et devient, sur les pages de titre du *Système* et du *Catéchisme* : « L'Amour pour principe, et l'Ordre pour base ; le Progrès pour but ».

suffit, à cet effet, d'étendre jusqu'aux phénomènes sociaux une tendance pleinement conforme à sa nature, et qu'elle a maintenant rendue très familière dans tous les autres cas essentiels. En un sujet quelconque, l'esprit positif conduit toujours à établir une exacte harmonie élémentaire entre les idées d'existence et les idées de mouvement, d'où résulte plus spécialement, envers les corps vivants, la corrélation permanente des idées d'organisation aux idées de vie, et ensuite, par une dernière spécialisation propre à l'organisme social, la solidarité continue des idées d'ordre avec les idées de progrès. Pour la nouvelle philosophie, l'ordre constitue sans cesse la condition fondamentale du progrès ; et, réciproquement, le progrès devient le but nécessaire de l'ordre : comme, dans la mécanique animale, l'équilibre et la progression sont mutuellement indispensables, à titre de fondement ou de destination [1].

<44> Spécialement considéré ensuite quant à l'ordre, l'esprit positif lui présente aujourd'hui,

1. Ces thèses sont à rapprocher de la manière dont Comte organise ses analyses en faisant le plus souvent succéder le point de vue « statique » puis le point de « dynamique » : voir le plan des études des sciences dans le *Cours*, et la succession des tomes II et III du *Système*. A souligner aussi que cette distribution emprunte plutôt aux modèles biologiques que mécaniques.

dans son extension sociale, de puissantes garanties directes, non seulement scientifiques mais aussi logiques, qui pourront bientôt être jugées très supérieures aux vaines prétentions d'une théologie rétrograde, de plus en plus dégénérée, depuis plusieurs siècles, en actif élément de discordes, individuelles ou nationales, et désormais incapable de contenir les divagations subversives de ses propres adeptes. Attaquant le désordre actuel à sa véritable source, nécessairement mentale, il constitue, aussi profondément que possible, l'harmonie logique, en régénérant d'abord les méthodes avant les doctrines [1], par une triple conversion simultanée de la nature des questions dominantes, de la manière de les traiter, et des conditions préalables de leur élaboration. D'une part, en effet, il démontre que les principales difficultés sociales ne sont pas aujourd'hui essen-

1. Bien que Comte souligne la liaison de l'étude des méthodes et des doctrines (cf. *supra* § 35), il insiste aussi sur l'importance prédominante des premières, surtout dans les sciences les plus complexes : voir par exemple *Cours*, 43e leçon, I, p.797 : « Les conceptions relatives à la méthode auront toujours nécessairement beaucoup plus de prix dans l'étude des lois vitales qu'à l'égard d'aucune autre branche de la philosophie naturelle, en vertu de la complication supérieure des phénomènes qui doit nous exposer bien davantage à une mauvaise direction des travaux ; à plus forte raison cette considération doit-elle prédominer tant que la science n'est qu'à l'état naissant ».

tiellement politiques, mais surtout morales, en sorte que leur solution possible dépend réellement des opinions et des mœurs beaucoup plus que des institutions ; ce qui tend à éteindre une activité perturbatrice, en transformant l'agitation politique en mouvement philosophique. Sous le second aspect, il envisage toujours l'état présent comme un résultat nécessaire de l'ensemble de l'évolution antérieure, de manière à faire constamment prévaloir l'appréciation rationnelle du passé pour l'examen actuel des affaires humaines ; ce qui écarte aussitôt les tendances purement critiques, incompatibles avec toute saine conception historique. Enfin, au lieu de laisser la science sociale dans le vague et stérile isolement où la placent encore la théologie et la métaphysique, il la coordonne irrévocablement à toutes les autres sciences fondamentales, qui constituent graduellement, envers cette étude finale, autant de préambules indispensables, où notre intelligence acquiert à la fois les habitudes et les notions sans lesquelles on ne peut utilement aborder les plus éminentes spéculations positives ; ce qui institue déjà une vraie discipline mentale, propre à améliorer radicalement de telles discussions, dès lors rationnellement interdites à une foule d'entendements mal organisés ou mal préparés [1]. Ces grandes garanties logiques sont d'ailleurs ensuite pleinement confirmées et développées par l'appréciation scientifique proprement dite, qui, envers les phénomènes sociaux ainsi que pour tous les autres, représente toujours notre ordre artificiel comme devant surtout consister en un simple prolongement judicieux, d'abord spontané, puis systématique, de l'ordre naturel résulté, en chaque cas, de l'ensemble des lois réelles, dont l'action effective est ordinairement modifiable par notre sage intervention, entre des limites déterminées, d'autant plus écartées que les phénomènes sont plus élevés. Le sentiment élémentaire de l'ordre est, en un mot, naturellement inséparable de toutes les spéculations positives, constamment dirigées vers la découverte des moyens de liaison entre des observations dont la principale valeur résulte de leur systématisation.

<45> Il en est de même, et encore plus évidemment, quant au progrès, qui, malgré de vaines

1. Comte se montre ici « élitiste », mais l'insistance sur la formation « morale » et la « discipline mentale » traduit une inflexion nette de sa confiance : il a pâti de la « pédantocratie » des savants, et il juge que leur mauvaise éducation les rend irrécupérables. Il se tourne donc plutôt vers les entendements « populaires » qui sont à organiser entièrement.

prétentions ontologiques, trouve aujourd'hui, dans l'ensemble des études scientifiques, sa plus incontestable manifestation. D'après leur nature absolue, et par suite essentiellement immobile, la métaphysique et la théologie ne sauraient comporter, guère plus l'une que l'autre, un véritable progrès, c'est-à-dire une progression continue vers un but déterminé [1]. Leurs transformations historiques consistent surtout, au contraire, en une désuétude croissante, soit mentale, soit sociale, sans que les questions agitées aient jamais pu faire aucun pas réel, à raison même de leur insolubilité radicale. Il est aisé de reconnaître que les discussions ontologiques des écoles grecques se sont essentiellement reproduites, sous d'autres formes, chez les scolastiques du moyen âge, et nous en retrouvons aujourd'hui l'équivalent parmi nos psychologues ou idéologues ; aucune des doctrines controversées n'ayant pu, pendant ces vingt siècles de stériles débats, aboutir à des dénonciations décisives, pas seulement en ce qui concerne l'exis-

1. Sur l'analyse du « progrès » voir surtout *Cours*, 47e leçon, II, p. 82-85 : Comte insiste sur l'origine récente de ces idées ; il en présente aussi une interprétation réservée s'opposant au « sophisme universel [...] qui consiste à prendre un acroissement continu pour un accroisement illimité ». Attention donc aux lectures hâtives qui attribuent à Comte un optimisme béat, dont il se défend vigoureusement.

tence des corps extérieurs, encore aussi problématique pour les argumentateurs modernes que pour leurs plus antiques prédécesseurs. C'est évidemment la marche continue des connaissances positives qui a inspiré, il y a deux siècles, dans la célèbre formule philosophique de Pascal [1], la première notion rationnelle du progrès humain, nécessairement étrangère à toute l'ancienne philosophie. Étendue ensuite à l'évolution industrielle et même esthétique, mais restée trop confuse envers le mouvement social, elle tend aujourd'hui vaguement vers une systématisation décisive, qui ne peut émaner que de l'esprit positif, enfin convenablement généralisé. Dans ses spéculations journalières, il en reproduit spontanément l'actif sentiment élémentaire, en représentant toujours l'extension et le perfectionnement de nos connaissances réelles comme le but essentiel de nos divers efforts théoriques. Sous l'aspect le plus systématique, la nouvelle philosophie assigne directement, pour destination nécessaire, à toute

1. Il s'agit d'un passage du *Fragment d'un Traité du vide* : « [...] la même chose arrive dans la succession des hommes que dans les les âges différents d'un particulier. De sorte que toute la suite des hommes, pendant le cours de tant de siècles, doit être considérée comme un même homme qui subsiste toujours et qui apprend continuellement ». Le texte est également cité, mais de façon erronnée, dans *Cours*, 47e leçon.

notre existence, à la fois personnelle et sociale, l'amélioration continue, non seulement de notre condition, mais aussi et surtout de notre nature, autant que le comporte, à tous égards, l'ensemble des lois réelles, extérieures ou intérieures. Érigeant ainsi la notion du progrès en dogme[1] vraiment fondamental de la sagesse humaine, soit pratique, soit théorique, elle lui imprime le caractère le plus noble en même temps que le plus complet, en représentant toujours le second genre de perfectionnement comme supérieur au premier. D'une part, en effet, l'action de l'humanité sur le monde extérieur dépendant surtout des dispositions de l'agent, leur amélioration doit constituer notre principale ressource ; d'une autre part, les phénomènes humains, individuels ou collectifs, étant, de tous, les plus modifiables, c'est envers eux que notre intervention rationnelle comporte naturellement la plus vaste efficacité. Le dogme du progrès ne peut donc devenir suffisamment philosophique que d'après une exacte appréciation générale de ce qui constitue surtout cette amélioration continue de notre propre nature, principal objet de la progression humaine. Or, à cet égard, l'ensemble de la philosophie positive

1. Sur l'érection de nouveaux « dogmes » par Comte, voir *supra* nos notes sur le § 16.

démontre pleinement, comme on peut le voir dans l'ouvrage indiqué au début de ce Discours, que ce perfectionnement consiste essentiellement, soit pour l'individu, soit pour l'espèce, à faire de plus en plus prévaloir les éminents attributs qui distinguent le plus notre humanité de la simple animalité, c'est-à-dire, d'une part l'intelligence, d'une autre part la sociabilité, facultés naturellement solidaires, qui se servent mutuellement de moyen et de but [1]. Quoique le cours spontané de l'évolution humaine, personnelle ou sociale, développe toujours leur commune influence, leur ascendant combiné ne saurait pourtant parvenir au point d'empêcher que notre principale activité ne dérive habituellement des penchants inférieurs, que notre constitution réelle rend nécessairement beaucoup plus énergiques. Ainsi, cette idéale prépondérance de notre humanité sur notre animalité remplit naturellement les conditions essentielles d'un vrai type philosophique, en caractérisant une limite déterminée, dont tous nos efforts doivent nous rapprocher constamment sans pouvoir toutefois y atteindre jamais [2].

1. Tout ceci sera explicité à partir de la « Théorie cérébrale » dans le *Système* et dans le *Catéchisme*.

2. A souligner, ici encore, combien la philosophie de Comte reste relative et ouverte.

<46> Cette double indication de l'aptitude fondamentale de l'esprit positif à systématiser spontanément les saines notions simultanées de l'ordre et du progrès suffit ici pour signaler sommairement la haute efficacité sociale propre à la nouvelle philosophie générale. Sa valeur, à cet égard, dépend surtout de sa pleine réalité scientifique, c'est-à-dire de l'exacte harmonie qu'elle établit toujours, autant que possible, entre les principes et les faits, aussi bien quant aux phénomènes sociaux qu'envers tous les autres. La réorganisation totale, qui peut seule terminer la grande crise moderne, consiste, en effet, sous l'aspect mental, qui doit d'abord prévaloir, à constituer une théorie sociologique propre à expliquer convenablement l'ensemble du passé humain [1] : tel est le mode le plus rationnel de poser la question essentielle, afin d'y mieux écarter toute passion perturbatrice. Or, c'est ainsi que la supériorité nécessaire de l'école positive sur les diverses écoles actuelles peut aussi être le plus nettement appréciée. Car, l'esprit théologique et l'esprit métaphysique sont tous deux conduits, par leur nature absolue, à ne considérer que la portion

1. Deux thèmes constants chez Comte : 1°) l'avenir ne se prépare qu'à partir du passé, et, ensemble, ils dictent le présent ; 2°) il faut maîtriser l'« ensemble » du passé, d'où l'exigence synthétique de la philosophie positive.

du passé où chacun d'eux a surtout dominé : ce qui précède et ce qui suit ne leur offre qu'une ténébreuse confusion et un désordre inexplicable, dont la liaison avec cette étroite partie du grand spectacle historique ne peut, à leurs yeux, résulter que d'une miraculeuse intervention. Par exemple, le catholicisme a toujours montré, à l'égard du polythéisme antique, une tendance aussi aveuglément critique que celle qu'il reproche justement aujourd'hui, envers lui-même, à l'esprit révolutionnaire proprement dit. Une véritable explication de l'ensemble du passé, conformément aux lois constantes de notre nature, individuelle ou collective, est donc nécessairement impossible aux diverses écoles absolues qui dominent encore ; aucune d'elles, en effet, n'a suffisamment tenté de l'établir. L'esprit positif, en vertu de sa nature éminemment relative, peut seul représenter convenablement toutes les grandes époques historiques comme autant de phases déterminées d'une même évolution fondamentale, où chacune résulte de la précédente et prépare la suivante selon des lois invariables, qui fixent sa participation spéciale à la commune progression, de manière à toujours permettre, sans plus d'inconséquence que de partialité, de rendre une exacte justice philosophique à toutes les coopérations quelconques [1]. Quoique cet incontestable privilège de la positivité rationnelle doive d'abord sembler purement spéculatif, les vrais penseurs y reconnaîtront bientôt la première source nécessaire de l'actif ascendant social réservé finalement à la nouvelle philosophie. Car, on peut assurer aujourd'hui que la doctrine qui aura suffisamment expliqué l'ensemble du passé obtiendra inévitablement, par suite de cette seule épreuve, la présidence mentale de l'avenir.

<47> Une telle indication des hautes propriétés sociales qui caractérisent l'esprit positif ne serait point encore assez décisive si on n'y ajoutait pas une sommaire appréciation de son aptitude spontanée à systématiser enfin la morale hu-

1. C'est en ce sens que Comte déplore l'absence d'une histoire vraiment scientifique : jusqu'ici, selon lui, il n'y a guère que des « annales ». Ce propos, tenu dès les textes de jeunesse (cf. *Plan*, *in fine*) est repris dans le *Cours* (cf. 48e leçon). On voit que la conception que Comte se fait de l'histoire est surtout celle d'une philosophie de l'histoire. Et l'on voit combien ce que l'on a appelé « l'histoire positiviste » – celles des Langlois et Seignobos par exemple – soucieuse de l'établissement très précis des dates et des faits, est loin de l'histoire telle que la voulait le fondateur du positivisme.

maine [1], ce qui constituera toujours la principale application de toute vraie théorie de l'humanité.

<48> Dans l'organisme polythéique de l'antiquité, la morale, radicalement subordonnée à la politique, ne pouvait jamais acquérir ni la dignité ni l'universalité convenables à sa nature. Son indépendance fondamentale et même son ascendant normal résultèrent enfin, autant qu'il était alors possible, du régime monothéique propre au moyen âge : cet immense service social, dû surtout au catholicisme, formera toujours son principal titre à l'éternelle reconnaissance du genre humain [2]. C'est seulement depuis cette indispensable séparation, sanctionnée et complétée par la division nécessaire des deux puissances [3], que la morale humaine a pu réellement commencer à prendre un caractère systématique, en établissant, à l'abri des impulsions passagères, des règles vraiment générales pour l'ensemble de notre

1. A partir de ce §, la référence à la morale devient de plus en plus envahissante. Bientôt, dans le *Système*, Comte en fait une « septième science » ; le « Tableau synthétique » de la « Hiérarchie théorique des conceptions humaines » inscrit la Morale comme dernier degré de la hiérarchie (tableau repris dans le *Catéchisme*, 2e entretien).

2. Pour tout ce passage, comparer avec *Cours*, 57e leçon, II, p.652-659.

3. Il s'agit du « pouvoir spirituel » et du « pouvoir temporel ».

existence, personnelle, domestique et sociale [1]. Mais les profondes imperfections de la philosophie monothéique qui présidait alors à cette grande opération ont dû en altérer beaucoup l'efficacité, et même en compromettre gravement la stabilité, en suscitant bientôt un fatal conflit entre l'essor intellectuel et le développement moral. Ainsi liée à une doctrine qui ne pouvait longtemps rester progressive, la morale devait ensuite se trouver de plus en plus affectée par le discrédit croissant qu'allait nécessairement subir une théologie qui, désormais rétrograde, deviendrait enfin radicalement antipathique à la raison moderne. Exposée dès lors à l'action dissolvante de la métaphysique, la morale théorique a reçu, en effet, pendant les cinq derniers siècles, dans chacune de ses trois parties essentielles, des atteintes graduellement dangereuses, que n'ont pu toujours assez réparer, pour la pratique, la rectitude et la moralité naturelles de l'homme, malgré l'heureux développement continu que devait alors leur procurer le cours spontané de notre civilisation. Si l'ascendant nécessaire de l'esprit positif ne venait enfin mettre un terme à ces anarchiques divaga-

1. Ces trois niveaux se retrouveront dans les présentations du « Culte » et du « Régime » de la nouvelle Religion de l'Humanité dans le *Catéchisme positiviste*.

tions, elles imprimeraient certainement une mortelle fluctuation à toutes les notions un peu délicates de la morale usuelle, non seulement sociale, mais aussi domestique, et même personnelle, en ne laissant partout subsister que les règles relatives aux cas les plus grossiers, que l'appréciation vulgaire pourrait directement garantir.

<49> En une telle situation, il doit sembler étrange que la seule philosophie qui puisse, en effet, consolider aujourd'hui la morale, se trouve, au contraire, taxée, à cet égard, d'incompétence radicale par les diverses écoles actuelles, depuis les vrais catholiques jusqu'aux simples déistes, qui, au milieu de leurs vains débats, s'accordent surtout à lui interdire essentiellement l'accès de ces questions fondamentales, d'après cet unique motif que son génie trop partiel s'était borné jusqu'ici à des sujets plus simples [1]. L'esprit métaphysique, qui a souvent tendu à dissoudre activement la morale, et l'esprit théologique, qui, dès longtemps, a perdu la force de la préserver, persistent néanmoins à s'en faire une sorte d'apanage éternel et exclusif, sans que la raison publique ait encore convenablement jugé ces

1. Comte fait allusion ici aux attaques dont il a été l'objet, et qu'il relate à sa femme et à J. S. Mill dans ses lettres de décembre 1842 et mars 1843 : cf. *Corr.*, II, p.119-122, 127, 137-140.

empiriques prétentions[1]. On doit, il est vrai, reconnaître, en général, que l'introduction de toute règle morale a dû partout s'opérer d'abord sous les inspirations théologiques, alors profondément incorporées au système entier de nos idées, et aussi seules susceptibles de constituer des opinions suffisamment communes. Mais l'ensemble du passé démontre également que cette solidarité primitive a toujours décru comme l'ascendant même de la théologie ; les préceptes moraux, ainsi que tous les autres, ont été de plus en plus ramenés à une consécration purement rationnelle, à mesure que le vulgaire est devenu plus capable d'apprécier l'influence réelle de chaque conduite sur l'existence humaine, individuelle ou sociale. En séparant irrévocablement la morale de la politique, le catholicisme a dû beaucoup développer cette tendance continue ; puisque l'intervention surnaturelle s'est ainsi trouvée directement réduite à la formation des règles générales, dont l'application particulière était dès lors essentiellement confiée à la sagesse humaine. S'adressant à des populations plus avancées, il a livré à la raison publique une foule de prescrip-

1. Comte en appelle donc à la « raison publique » dans ses cours populaires et dans ce *Discours*. Dans la future société positiviste, programmée dans le *Système*, l'appel à l'opinion publique est institutionnalisé.

tions spéciales que les anciens sages avaient cru ne pouvoir jamais se passer des injonctions religieuses, comme le pensent encore les docteurs polythéistes de l'Inde, par exemple quant à la plupart des pratiques hygiéniques. Aussi peut-on remarquer, même plus de trois siècles après saint Paul, les sinistres prédictions de plusieurs philosophes ou magistrats païens, sur l'imminente immoralité qu'allait entraîner nécessairement la prochaine révolution théologique. Les déclamations actuelles des diverses écoles monothéiques n'empêcheront pas davantage l'esprit positif d'achever aujourd'hui, sous les conditions convenables, la conquête, pratique et théorique, du domaine moral, déjà spontanément livré de plus en plus à la raison humaine, dont il ne nous reste surtout qu'à systématiser enfin les inspirations particulières. L'humanité ne saurait, sans doute, demeurer indéfiniment condamnée à ne pouvoir fonder ses règles de conduite que sur des motifs chimériques, de manière à éterniser une désastreuse opposition, jusqu'ici passagère, entre les besoins intellectuels et les besoins moraux.

<50> Bien loin que l'assistance théologique soit à jamais indispensable aux préceptes moraux, l'expérience démontre, au contraire, qu'elle leur est devenue, chez les modernes, de plus en plus nuisible, en les faisant inévitablement participer,

par suite de cette funeste adhérence, à la décomposition croissante du régime monothéique, surtout pendant les trois derniers siècles. D'abord, cette fatale solidarité devait directement affaiblir, à mesure que la foi s'éteignait, la seule base sur laquelle se trouvaient ainsi reposer des règles qui, souvent exposées à de graves conflits avec des impulsions très énergiques, ont besoin d'être soigneusement préservées de toute hésitation. L'antipathie croissante que l'esprit théologique inspirait justement à la raison moderne, a gravement affecté beaucoup d'importantes notions morales, non seulement relatives aux plus grands rapports sociaux, mais concernant aussi la simple vie domestique et même l'existence personnelle : une aveugle ardeur d'émancipation mentale n'a que trop entraîné d'ailleurs à ériger quelquefois le dédain passager de ces salutaires maximes en une sorte de folle protestation contre la philosophie rétrograde d'où elles semblaient exclusivement émaner. Jusque chez ceux qui conservaient la foi dogmatique, cette funeste influence se faisait indirectement sentir, parce que l'autorité sacerdotale, après avoir perdu son indépendance politique, voyait aussi décroître de plus en plus l'ascendant social indispensable à son efficacité morale. Outre cette impuissance croissante pour protéger les règles morales, l'esprit théologique leur a souvent nui aussi d'une manière active, par les divagations qu'il a suscitées, depuis qu'il n'est plus suffisamment disciplinable, sous l'inévitable essor du libre examen individuel [1]. Ainsi exercé, il a réellement inspiré ou secondé beaucoup d'aberrations antisociales, que le bon sens [2], livré à lui-même, eût spontanément évitées ou rejetées. Les utopies subversives que nous voyons s'accréditer aujourd'hui, soit contre la propriété, soit même quant à la famille, etc. [3], ne sont presque jamais émanées ni accueillies des intelligences pleinement émancipées, malgré leurs lacunes fondamentales, mais

1. L'« essor du libre examen individuel » est, selon Comte, lié au protestantisme et en est l'un des méfaits : voir *Cours*, 55e leçon, II, p.393 et sq.

2. Le « bon sens » appui de l'esprit positif pour les spéculations – voir *supra* § 34-37 –, l'est aussi pour la politique et la morale – voir aussi *infra* § 51.

3. Comte fait allusion ici aux saint-simoniens, aux fouriéristes, aux « communistes » – les icariens d'Etienne Cabet ... Dès le *Cours*, il dénonce leurs « aberrations », les illusions qu'ils entretiennent, et leurs « charlataneries » (cf. par exemple *Cours*, 57e leçon) Dans la *Correspondance* de 1850-1851, Comte multiplie les critiques sévères, que l'on retrouve dans le *Système* (voir surtout I, *D.P.*, 3e partie). Cependant, il y a selon Comte un usage positif des « utopies convenablement construites », lorsqu'elle peuvent stimuler la pensée et l'action par des représentations de l'avenir fondées sur des prévisions rationnelles – voir par exemple *Système*, I, p.286, 364 ; IV, p.17-18, 274-275, 304.

bien plutôt de celles qui poursuivent activement une sorte de restauration théologique, fondée sur un vague et stérile déisme ou sur un protestantisme équivalent. Enfin, cette antique adhérence à la théologie est aussi devenue nécessairement funeste à la morale, sous un troisième aspect général, en s'opposant à sa solide reconstruction sur des bases purement humaines [1]. Si cet obstacle ne consistait que dans les aveugles déclamations trop souvent émanées des diverses écoles actuelles, théologiques ou métaphysiques, contre le prétendu danger d'une telle opération, les philosophes positifs pourraient se borner à repousser d'odieuses insinuations par l'irrécusable exemple de leur propre vie journalière, personnelle, domestique, et sociale. Mais cette opposition est, malheureusement, beaucoup plus radicale ; car elle résulte de l'incompatibilité nécessaire qui existe évidemment

1. D'où l'appellation choisie par Comte pour la religion positiviste ou « Religion de l'Humanité », et les termes par lesquels il l'annonce : « Au nom du passé et de l'avenir, les serviteurs théoriques et pratiques de l'HUMANITÉ viennent prendre dignement la direction générale des affaires terrestres, pour construire enfin la vraie providence, morale, intellectuelle, et matérielle ; en excluant irrévocablement de la suprématie politique tous les divers esclaves de Dieu, catholiques, protestants, ou déistes, comme étant à la fois arriérés et perturbateurs » (Premières lignes de la Préface du *Catéchisme positiviste*).

entre ces deux manières de systématiser la morale. Les motifs théologiques devant naturellement offrir, aux yeux du croyant, une intensité très supérieure à celle de tous les autres quelconques, ils ne sauraient jamais devenir les simples auxiliaires des motifs purement humains : ils ne peuvent conserver aucune efficacité réelle aussitôt qu'ils ne dominent plus. Il n'existe donc aucune alternative durable, entre fonder enfin la morale sur la connaissance positive de l'humanité, et la laisser reposer sur l'injonction surnaturelle : les convictions rationnelles ont pu seconder les croyances théologiques, ou plutôt s'y substituer graduellement, à mesure que la foi s'est éteinte ; mais la combinaison inverse ne constitue certainement qu'une utopie contradictoire, où le principal serait subordonné à l'accessoire.

<51> Une judicieuse exploration du véritable état de la société moderne représente donc comme de plus en plus démentie, par l'ensemble des faits journaliers, la prétendue impossibilité de se dispenser désormais de toute théologie pour consolider la morale ; puisque cette dangereuse liaison a dû devenir, depuis la fin du moyen âge, triplement funeste à la morale, soit en énervant ou discréditant ses bases intellectuelles, soit en y suscitant des perturbations directes, soit en y empêchant une

meilleure systématisation[1]. Si, malgré d'actifs principes de désordre, la moralité pratique s'est réellement améliorée, cet heureux résultat ne saurait être attribué à l'esprit théologique, alors dégénéré, au contraire, en un dangereux dissolvant : il est essentiellement dû à l'action croissante de l'esprit positif, déjà efficace sous sa forme spontanée, consistant dans le bon sens universel, dont les sages inspirations ont secondé l'impulsion naturelle de notre civilisation progressive pour combattre utilement les diverses aberrations, surtout celles qui émanaient des divagations religieuses[2]. Lorsque, par exemple, la théologie protestante tendait à altérer gravement l'institution du mariage par la consécration formelle du divorce, la raison publique en neutralisait beaucoup les funestes effets, en imposant presque toujours le respect pratique des mœurs antérieures, seules conformes au vrai caractère de la sociabilité moderne. D'irrécusables expériences ont d'ailleurs prouvé, en même temps, sur une vaste échelle, au sein des masses populaires, que le

1. Ces dangers de la théologie pour la morale seront particulièrement analysées dans *Système*, I, *D.P.*, Conclusion, où Comte souligne les différences entre le Grand-Etre auquel il se réfère et les anciennes ou autres versions.

2. Le terme renvoie à la différence entre religion et théologie : cf *supra* note sur § 3.

prétendu privilège exclusif des croyances religieuses pour déterminer de grands sacrifices ou d'actifs dévouements pouvait également appartenir à des opinions directement opposées, et s'attachait, en général, à toute profonde conviction, quelle qu'en puisse être la nature. Ces nombreux adversaires du régime théologique qui, il y a un demi-siècle, garantirent, avec tant d'héroïsme, notre indépendance nationale contre la coalition rétrograde, ne montrèrent pas, sans doute, une moins pleine et moins constante abnégation que les bandes superstitieuses, qui, au sein de la France, secondèrent l'agression extérieure [1].

<52> Pour achever d'apprécier les prétentions actuelles de la philosophie théologico-métaphysique à conserver la systématisation exclusive de la morale usuelle, il suffit d'envisager directement la doctrine dangereuse et contradictoire que

1. Ailleurs, Comte propose même une explication toute « biologique » de l'héroïsme : « Sans doute le martyr qui supporte avec une fermeté inébranlable, les plus horribles supplices, pour éviter seulement le désaveu solennel de ses convictions, le savant qui entreprend une expérience périlleuse [...] etc., pourraient fuir sur un champ de bataille s'ils étaient forcés à combattre pour une cause qui ne leur inspirerait aucun intérêt ; mais leur genre de courage n'en est pas moins essentiellement identique au courage spontané et animal qui constitue la bravoure militaire proprement dite » (*Cours*, 45e leçon, I, p.579).

l'inévitable progrès de l'émancipation mentale l'a bientôt forcée d'établir à ce sujet, en consacrant partout, sous des formes plus ou moins explicites, une sorte d'hypocrisie collective, analogue à celle qu'on suppose très mal à propos avoir été habituelle chez les anciens, quoiqu'elle n'y ait jamais comporté qu'un succès précaire et passager. Ne pouvant empêcher le libre essor de la raison moderne chez les esprits cultivés, on s'est ainsi proposé d'obtenir d'eux, en vue de l'intérêt public, le respect apparent des antiques croyances, afin d'en maintenir, chez le vulgaire, l'autorité jugée indispensable. Cette transaction systématique n'est nullement particulière aux jésuites [1], quoiqu'elle constitue le fond essentiel de leur tactique ; l'esprit protestant lui a aussi imprimé, à sa manière, une consécration encore plus intime, plus étendue, et surtout plus dogmatique [2] : les

1. L'« état jésuitique » est pour Comte celui du « catholicisme expirant ». Cependant, la sévérité de Comte envers les jésuites a peu à peu diminué : il les juge d'abord comme franchement « rétrogrades », et « corrupteurs » (cf. *Cours*, 55e leçon, II, p.409-410) ; puis il distingue soigneusement le jésuitisme fondateur, qui était un effort de reconstruction, et sa dénaturation tardive : voir *Système*, I, p.553-557 ; IV, p.87. Ignace de Loyola est fêté dans le *Calendrier positiviste*.

2. Comte est en général hostile au protestantisme (cf. *Cours*, 55e leçon), et il le devient plutôt de plus en plus. Voir aussi notre article : « Le rôle du protestantisme dans la

métaphysiciens proprement dits l'adoptent tout autant que les théologiens eux-mêmes ; le plus grand d'entre eux [1], quoique sa haute moralité fût vraiment digne de son éminente intelligence, a été entraîné à la sanctionner essentiellement, en établissant, d'une part, que les opinions théologiques quelconques ne comportent aucune véritable démonstration, et, d'une autre part, que la nécessité sociale oblige à maintenir indéfiniment leur empire. Malgré qu'une telle doctrine puisse devenir respectable chez ceux qui n'y rattachent aucune ambition personnelle, elle n'en tend pas moins à vicier toutes les sources de la moralité humaine, en la faisant nécessairement reposer sur un état continu de fausseté, et même de mépris, des supérieurs envers les inférieurs [2]. Tant que ceux qui devaient participer à cette dissimulation systématique sont restés peu nombreux, la pratique en a été possible, quoique fort

Révolution Occidentale selon Auguste Comte » dans *Images de la Réforme au XIXème siècle*, *Annales de Besançon*, 1992, vol. 459, pp.131-150. Le *Calendrier positiviste*, consacre tout un mois au Catholicisme, mais les protestants en sont exclus.

1. Comte désigne ainsi Kant ... dans une interprétation discutable.

2. Une des devises de la morale positiviste sera « Vivre au grand jour » : Comte l'inscrira sur la page de titre du *Système*.

précaire : mais elle est devenue encore plus ridicule qu'odieuse, quand l'émancipation s'est assez étendue pour que cette sorte de pieux complot dût embrasser, comme il le faudrait aujourd'hui, la plupart des esprits actifs. Enfin, même en supposant réalisée cette chimérique extension, ce prétendu système laisse subsister la difficulté tout entière à l'égard des intelligences affranchies, dont la propre moralité se trouve ainsi abandonnée à leur pure spontanéité, déjà justement reconnue insuffisante chez la classe soumise. S'il faut aussi admettre la nécessité d'une vraie systématisation morale chez ces esprits émancipés, elle ne pourra dès lors reposer que sur des bases positives, qui finalement seront ainsi jugées indispensables. Quant à borner leur destination à la classe éclairée [1], outre qu'une telle restriction ne saurait changer la nature de cette grande construction philosophique, elle serait évidemment illusoire en un temps où la culture mentale que suppose ce facile affranchissement est déjà devenue très commune, ou plutôt presque universelle, du moins en France. Ainsi, l'empirique expédient suggéré par le vain désir de

1. Comte est même nettement enclin à penser, depuis ses multiples déboires à l'Ecole Polytechnique, que les savants ne sont pas les plus ouverts à la nouvelle philosophie ni à la réforme morale.

maintenir, à tout prix, l'antique régime intellectuel, ne peut finalement aboutir qu'à laisser indéfiniment dépourvus de toute doctrine morale la plupart des esprits actifs, comme on le voit trop souvent aujourd'hui [1].

<53> C'est donc surtout au nom de la morale qu'il faut désormais travailler ardemment à constituer enfin l'ascendant universel de l'esprit positif, pour remplacer un système déchu qui, tantôt impuissant, tantôt perturbateur, exigerait de plus en plus la compression mentale en condition permanente de l'ordre moral [2]. La nouvelle philosophie peut seule établir aujourd'hui, au sujet de nos divers devoirs [3], des convictions profondes et actives, vraiment susceptibles de soutenir avec énergie le choc des passions. D'après la théorie positive de l'humanité, d'irrécusables démonstrations, appuyées sur l'immense expérience que possède maintenant notre espèce, détermineront exactement l'influence réelle, directe ou indirecte, privée et publique, propre à chaque acte, à chaque

1. Comte justifie ici son activité constante d'éducation populaire.

2. Tout ce § est à lire en parallèle avec les *Considérations sur le pouvoir spirituel*, et avec la 57e leçon du *Cours* – surtout p.663 et sq.

3. Pour Comte la morale impose des « devoirs », mais ne donne pas de « droits » – voir par exemple *Cours*, 57e, II, p.659 ; *Système*, I, p.361 ; II, p.103 ; II, p.601.

habitude, et à chaque penchant ou sentiment ; d'où résulteront naturellement, comme autant d'inévitables corollaires, les règles de conduite, soit générales, soit spéciales, les plus conformes à l'ordre universel, et qui, par suite, devront se trouver ordinairement les plus favorables au bonheur individuel. Malgré l'extrême difficulté de ce grand sujet, j'ose assurer que, convenablement traité, il comporte des conclusions tout aussi certaines que celles de la géométrie elle-même [1]. On ne peut, sans doute, espérer de jamais rendre suffisamment accessibles à toutes les intelligences ces preuves positives de plusieurs règles morales destinées pourtant à la vie commune : mais il en est déjà ainsi pour diverses prescriptions mathématiques, qui néanmoins sont appliquées sans hésitation dans les plus graves occasions, lorsque, par exemple, nos marins risquent journellement leur existence sur la foi de théories astronomiques qu'ils ne comprennent nullement ; pourquoi une égale confiance ne serait-elle pas accordée aussi à des notions plus importantes ? [2] Il est d'ailleurs

1. D'où la promotion de la Morale en septième science : cf. *Système*, II, p.432-435, III, « Préambule général », p.5 ; *Catéchisme*, p.94, 100.

2. Ce thème de la confiance est ancien chez Comte : « Il n'y a pas de liberté de conscience en astronomie, en physique, en chimie, en physiologie, dans ce sens que

incontestable que l'efficacité normale d'un tel régime exige, en chaque cas, outre la puissante impulsion résultée naturellement des préjugés publics, l'intervention systématique, tantôt passive, tantôt active, d'une autorité spirituelle, destinée à rappeler avec énergie les maximes fondamentales et à en diriger sagement l'application, comme je l'ai spécialement expliqué dans l'ouvrage ci-dessus indiqué. En accomplissant ainsi le grand office social que le catholicisme n'exerce plus, ce nouveau pouvoir moral utilisera soigneusement l'heureuse aptitude de la philosophie correspondante à s'incorporer spontanément la sagesse de tous les divers régimes antérieurs, suivant le tendance ordinaire de l'esprit positif envers un sujet quelconque. Quand l'astronomie moderne a irrévocablement écarté les principes astrologiques, elle n'en a pas moins précieusement conservé toutes les notions véritables obtenues sous leur domination : il en a été de même pour la chimie, relativement à l'alchimie [1].

chacun trouverait absurde de ne pas croire de confiance aux principes établis dans ces sciences par les hommes compétents » (*Plan*, p.53). Ceci deviendra le fondement de la nouvelle « foi » positiviste qui serait ainsi une « foi rationnelle ».

1. L'esprit positif ne nie pas, mais fait des « synthèses ».

<54> Sans pouvoir entreprendre ici l'appréciation morale de la philosophie positive, il y faut pourtant signaler la tendance continue qui résulte directement de sa constitution propre, soit scientifique, soit logique, pour stimuler et consolider le sentiment du devoir en développant toujours l'esprit d'ensemble, qui s'y trouve naturellement lié. Ce nouveau régime mental dissipe spontanément la fatale opposition qui, depuis la fin du moyen âge, existe de plus en plus entre les besoins intellectuels et les besoins moraux. Désormais, au contraire, toutes les spéculations réelles, convenablement systématisées, concourront sans cesse à constituer, autant que possible, l'universelle prépondérance de la morale, puisque le point de vue social y deviendra nécessairement le lien scientifique et le régulateur logique de tous les autres aspects positifs. Il est impossible qu'une telle coordination, en développant familièrement les idées d'ordre et d'harmonie, toujours rattachées à l'humanité, ne tende point à moraliser profondément, non seulement les esprits d'élite, mais aussi la masse des intelligences [1], qui toutes devront plus ou moins participer à cette grande initiation,

1. Sur l'appel aux « masses » voir *supra* § 51, 52.

d'après un système convenable d'éducation universelle [1].

<55> Une appréciation plus intime et plus étendue, à la fois pratique et théorique, représente l'esprit positif comme étant, par sa nature, seul susceptible de développer directement le sentiment social [2], première base nécessaire de toute saine morale. L'antique régime mental ne pouvait le stimuler qu'à l'aide de pénibles artifices indirects, dont le succès réel devait être fort imparfait, vu la tendance essentiellement personnelle d'une telle philosophie, quand la sagesse sacerdotale n'en contenait pas l'influence spontanée. Cette nécessité est maintenant reconnue, du moins empiriquement, quant à l'esprit métaphysique proprement dit, qui n'a jamais pu aboutir, en morale, à aucune autre théorie effective que le désastreux système

1. L'organisation d'un « système d'éducation universelle » est un leitmotiv de Comte : il le cherche depuis le *Plan*, il annonce un ouvrage sur ce sujet à la fin du *Cours* (60e leçon, II, p.789), et il l'annonce encore à la fin du *Système* (IV, « Conclusion totale », p.542). Sur ce sujet voir aussi Paul Arbousse-Bastide, *La Doctrine de l'éducation universelle dans la philosophie d'Auguste Comte*, Paris, 1957.

2. Il suffit de « développer » le « sentiment social », puisqu'il est en nous, dans nos « fonctions cérébrales » : Comte trouve même trois fonctions qui l'induisent dans sa « Classification positive ». Sur la « sociabilité fondamentale » de l'homme, voir aussi *Cours*, 50e leçon, II, p.177.

de l'égoïsme [1], si usité aujourd'hui, malgré beaucoup de déclamations contraires : même les sectes ontologiques qui ont sérieusement protesté contre une semblable aberration n'y ont finalement substitué que de vagues ou incohérentes notions, incapables d'efficacité pratique. Une tendance aussi déplorable, et néanmoins constante, doit avoir de plus profondes racines qu'on ne le suppose communément. Elle résulte surtout, en effet, de la nature nécessairement personnelle d'une telle philosophie, qui, toujours bornée à la considération de l'individu, n'a jamais pu embrasser réellement l'étude de l'espèce, par une suite inévitable de son vain principe logique, essentiellement réduit à *l'intuition* proprement dite, qui ne comporte évidemment aucune application collective. Ses formules ordinaires ne font que traduire naïvement son esprit fondamental ; pour chacun de ses adeptes, la pensée dominante est constamment celle du *moi* : toutes les autres existences quelconques, même humaines, sont confusément

1. Dans les textes postérieurs à ce discours, Comte insiste sur le conflit entre l'égoïsme et l'altruisme comme conflit essentiel dans la vie morale – cf. par exemple *Catéchisme,* p. 63 : « Le principal problème humain consiste en effet, à faire prévaloir la sociabilité sur la personnalité, quoique celle-ci soit spontanément prépondérante ».

enveloppées dans une seule conception négative, et leur vague ensemble constitue le *non-moi* ; la notion du *nous* n'y saurait trouver aucune place directe et distincte [1]. Mais, en examinant ce sujet encore plus profondément, il faut reconnaître que, à cet égard, comme sous tout autre aspect, la métaphysique dérive, aussi bien dogmatiquement qu'historiquement, de la théologie elle-même, dont elle ne pouvait jamais constituer qu'une modification dissolvante. En effet, ce caractère de personnalité constante appartient surtout, avec une énergie plus directe, à la pensée théologique, toujours préoccupée, chez chaque croyant, d'intérêts essentiellement individuels [2], dont l'immense prépondérance absorbe nécessairement toute autre considération, sans que le plus sublime dévouement puisse en inspirer l'abnégation véritable, justement regardée alors comme une dangereuse aberration. Seulement l'opposition fréquente de ces intérêts chimériques avec les intérêts réels a fourni à la sagesse sacerdotale un puissant moyen de discipline morale, qui a pu souvent comman-

1. « Vivre pour autrui » devient bientôt une autre des devises principales du positivisme.

2. Le souci du « salut » paraît à Comte de ce type : cf *infra*. Comte reprochera aussi au catholicisme de « détourner de la société pour pousser chaque croyant vers l'ascétisme solitaire » *Catéchisme positiviste*, 11e entretien.

der, au profit de la société, d'admirables sacrifices, qui pourtant n'étaient tels qu'en apparence, et se réduisaient toujours à une prudente pondération d'intérêts. Les sentiments bienveillants et désintéressés, qui sont propres à la nature humaine, ont dû, sans doute, se manifester à travers un tel régime, et même, à certains égards, sous son impulsion indirecte ; mais, quoique leur essor n'ait pu être ainsi comprimé, leur caractère en a dû recevoir une grave altération, qui probablement ne nous permet pas encore de connaître pleinement leur nature et leur intensité, faute d'un exercice propre et direct. Il y a tout lieu de présumer d'ailleurs que cette habitude continue de calculs personnels envers les plus chers intérêts du croyant a développé, chez l'homme, même à tout autre égard, par voie d'affinité graduelle, un excès de circonspection, de prévoyance, et finalement d'égoïsme, que son organisation fondamentale n'exigeait pas [1], et qui dès lors pourra diminuer un jour sous un meilleur régime moral. Quoi qu'il soit de cette conjecture, il demeure incontestable que la pensée théologique est, de sa nature, essentiellement individuelle, et jamais directement collective. Aux yeux de la foi, surtout

1. Un égoïsme culturel s'est donc ajouté à l'égoïsme naturel.

monothéique, la vie sociale n'existe pas, à défaut d'un but qui lui soit propre ; la société humaine ne peut alors offrir immédiatement qu'une simple agglomération d'individus [1], dont la réunion est presque aussi fortuite que passagère et qui, occupés chacun de son seul salut, ne conçoivent la participation à celui d'autrui que comme un puissant moyen de mieux mériter le leur, en obéissant aux prescriptions suprêmes qui en ont imposé l'obligation [2]. Notre respectueuse admiration sera toujours bien due assurément à la prudence sacerdotale qui, sous l'heureuse impulsion d'un instinct public, a su retirer longtemps une haute utilité pratique d'une si imparfaite philosophie. Mais cette juste reconnaissance ne saurait aller jusqu'à prolonger artificiellement ce régime initial au-delà de sa destination provisoire, quand l'âge est enfin venu d'une économie plus conforme à l'ensemble de notre nature, intellectuelle et affective.

<56> L'esprit positif, au contraire, est directement social, autant que possible, et sans aucun effort, par suite même de sa réalité caractéristique. Pour lui, l'homme proprement dit n'existe pas, il ne peut exister que l'humanité, puisque tout

1. Comte distingue, dès les écrits de jeunesse l'agglomération et la société : voir *Appréciation*, p.36, 38-39.

2. La charité chrétienne est donc pour Comte un faux altruisme, et une forme subtile d'égoïsme.

notre développement est dû à la société, sous quelque rapport qu'on l'envisage [1]. Si l'idée de société semble encore une abstraction de notre intelligence, c'est surtout en vertu de l'ancien régime philosophique ; car, à vrai dire, c'est à l'idée d'individu qu'appartient un tel caractère, du moins chez notre espèce. L'ensemble de la nouvelle philosophie tendra toujours à faire ressortir, aussi bien dans la vie active que dans la vie spéculative, la liaison de chacun à tous, sous une foule d'aspects divers, de manière à rendre involontairement familier le sentiment intime de la solidarité sociale, convenablement étendue à tous les temps et à tous les lieux [2]. Non seulement l'active recherche du bien public sera sans cesse

1. Dans le *Système*, Comte va jusqu'à dire que l'individu n'a pas d'existence réelle, sinon celle d'« organe » du Grand-Etre collectif l'Humanité : « Une société n'est pas plus décomposable en individus qu'une surface géométrique ne l'est en lignes ou une ligne en points » (*Système*, II, p.181) ; voir aussi *Système*, I, p. 334, 363, 658 ; et dans *Système*, II, chap. III *passim*.

2. Pour Comte, l'unité de l'humanité est assurée par la liaison du passé et de l'avenir, elle-même traduite par la liaison des morts et des vivants. Par ailleurs, Comte n'est pas un adepte enthousiaste des « nations », qui induisent plutôt des concurrences conflictuelles. Son programme pour l'Occident régénéré est une division en Républiques occidentales » tenant surtout compte de leur étendue géographique : voir *Catéchisme*, 10e entretien.

représentée comme le mode le plus propre à assurer communément le bonheur privé : mais, par une influence à la fois plus directe et plus pure, finalement plus efficace, le plus complet exercice possible des penchants généreux deviendra la principale source de la félicité personnelle, quand même il ne devrait procurer exceptionnellement d'autre récompense qu'une inévitable satisfaction intérieure. Car, si, comme on n'en saurait douter, le bonheur résulte surtout d'une sage activité, il doit donc dépendre principalement des instincts sympathiques, quoique notre organisation ne leur accorde pas ordinairement une énergie prépondérante ; puisque les sentiments bienveillants sont les seuls qui puissent se développer librement dans l'état social, qui naturellement les stimule de plus en plus en leur ouvrant un champ indéfini, tandis qu'il exige, de toute nécessité, une certaine compression permanente des diverses impulsions personnelles, dont l'essor spontané susciterait des conflits continus. Dans cette vaste expansion sociale, chacun retrouvera la satisfaction normale de cette tendance à s'éterniser [1], qui ne pouvait d'abord

1. On s'éternise par la mémoire de l'humanité. Plus tard, Comte développe ses idées en ritualisant l'enterrement par une double cérémonie, dont l'une pratique l'« incorporation » au Grand-Etre : voir *Catéchisme*, 6e entretien.

être satisfaite qu'à l'aide d'illusions désormais incompatibles avec notre évolution mentale. Ne pouvant plus se prolonger que par l'espèce, l'individu sera ainsi entraîné à s'y incorporer le plus complètement possible, en se liant profondément à toute son existence collective, non seulement actuelle, mais aussi passée, et surtout future, de manière à obtenir toute l'intensité de vie que comporte, en chaque cas, l'ensemble des lois réelles. Cette grande identification pourra devenir d'autant plus intime et mieux sentie que la nouvelle philosophie assigne nécessairement aux deux sortes de vie une même destination fondamentale et une même loi d'évolution, consistant toujours, soit pour l'individu, soit pour l'espèce, dans la progression continue dont le but principal a été ci-dessus caractérisé, c'est-à-dire la tendance à faire, de part et d'autre, prévaloir, autant que possible, l'attribut humain, ou la combinaison de l'intelligence avec la sociabilité, sur l'animalité proprement dite. Nos sentiments quelconques n'étant développables que par un exercice direct et soutenu, d'autant plus indispensable qu'ils sont d'abord moins énergiques, il serait ici superflu d'insister davantage, auprès de quiconque possède, même empiriquement, une vraie connaissance de l'homme, pour démontrer la supériorité nécessaire de l'esprit positif sur l'ancien esprit théologico-métaphysique, quant à l'essor propre et actif de l'instinct social. Cette prééminence est d'une nature tellement sensible que, sans doute, la raison publique la reconnaîtra suffisamment, longtemps avant que les institutions correspondantes aient pu convenablement réaliser ses heureuses propriétés.

<57> D'après l'ensemble des indications précédentes, la supériorité spontanée de la nouvelle philosophie sur chacune de celles qui se disputent aujourd'hui l'empire se trouve maintenant aussi caractérisée sous l'aspect social qu'elle l'était déjà du point de vue mental, autant du moins que le comporte ce discours, et sauf le recours indispensable à l'ouvrage cité. En achevant cette sommaire appréciation [1], il importe d'y remarquer l'heureuse corrélation qui s'établit naturellement entre un tel esprit philosophique et les dispositions, sages mais empiriques, que l'expérience contemporaine fait désormais prévaloir de

1. Le début de ce paragraphe retrace le plan suivi par Comte. En se reportant aux quelques lignes de présentation en tête du *Discours*, il est clair que Comte termine ici ce qu'il annonçait comme le deuxième moment : « appréciation sommaire de l'extrême importance sociale que présente aujourd'hui l'universelle propagation des études positives ». Le plan proposé par l'édition de 1898 qui fait débuter là une « Troisième partie » du *Discours* va donc à l'encontre des indications mêmes de l'auteur.

plus en plus, aussi bien chez les gouvernés que chez les gouvernants. Substituant directement un immense mouvement mental à une stérile agitation politique, l'école positive explique et sanctionne, d'après un examen systématique, l'indifférence ou la répugnance que la raison publique et la prudence des gouvernements s'accordent à manifester aujourd'hui pour toute sérieuse élaboration directe des institutions proprement dites, en un temps où il n'en peut exister d'efficaces qu'avec un caractère purement provisoire ou transitoire, faute d'aucune base rationnelle suffisante, tant que durera l'anarchie intellectuelle [1]. Destinée à dissiper enfin ce désordre fondamental, par les seules voies qui puissent le surmonter, cette nouvelle école a besoin, avant tout, du maintien continu de l'ordre matériel, tant intérieur qu'extérieur, sans lequel aucune grave méditation sociale ne saurait être ni convenablement accueillie ni même suffisamment élaborée [2]. Elle tend donc à justifier et à seconder la préoccupation très légitime qu'inspire aujourd'hui partout

1. Cf. *supra* § 38 et § 41 surtout, et nos notes.

2. Sur l'importance prééminente de l'ordre comme condition du progrès, cf. *supra* § 44. Les propositions de gouvernement provisoire faites par Comte en 1848 insistent sur ce nécessaire maintien de l'ordre : voir *Système*, I, *Discours*, p.378 et sq.

le seul grand résultat politique qui soit immédiatement compatible avec la situation actuelle, laquelle d'ailleurs lui procure une valeur spéciale par les graves difficultés qu'elle lui suscite, en posant toujours le problème, insoluble à la longue, de maintenir un certain ordre politique au milieu d'un profond désordre moral. Outre ses travaux d'avenir, l'école positive s'associe immédiatement à cette importante opération par sa tendance directe à discréditer radicalement les diverses écoles actuelles, en remplissant déjà mieux que chacune d'elles les offices opposés qui leur restent encore, et qu'elle seule combine spontanément, de façon à se montrer aussitôt plus organique que l'école théologique et plus progressive que l'école métaphysique, sans pouvoir jamais comporter les dangers de rétrogradation ou d'anarchie qui leur sont respectivement propres [1]. Depuis que les gouvernements ont essentiellement renoncé, quoique d'une manière implicite, à toute sérieuse restauration du passé, et les populations à tout grave bouleversement des institutions, la nouvelle philosophie n'a plus à demander, de part et d'autre, que les dispositions habituelles qu'on est au fond préparé partout à lui accorder (du moins

1. Cf. *supra*, § 40 et 41, la critique des « écoles » actuelles.

en France, où doit surtout s'accomplir d'abord l'élaboration systématique), c'est-à-dire liberté et attention. Sous ces conditions naturelles, l'école positive tend, d'un côté, à consolider tous les pouvoirs actuels chez leurs possesseurs quelconques, et, de l'autre, à leur imposer des obligations morales de plus en plus conformes aux vrais besoins des peuples [1].

<58> Ces dispositions incontestables semblent d'abord ne devoir aujourd'hui laisser à la nouvelle philosophie d'autres obstacles essentiels que ceux qui résulteront de l'incapacité ou de l'incurie de ses divers promoteurs. Mais une plus mûre appréciation montre, au contraire, qu'elle doit trouver d'énergiques résistances chez presque tous les esprits maintenant actifs, par suite même de la difficile rénovation qu'elle exigerait d'eux pour les associer directement à sa principale élabora-

1. Esquisse de ces thèmes dans le *Cours* : cf. 57e leçon, II, p.675-680. Mais les ouvrages ultérieurs sont plus précis : voir par exemple *Système*, I, *D.P.*, p.370-390, et les exposés sur le « Régime public » dans le *Catéchisme positiviste*, 10e entretien : les pouvoirs temporels sont laissés au Patriciat, mais assortis de nombreux devoirs envers leurs subordonnés.

tion [1]. Si cette inévitable opposition devait se borner aux esprits essentiellement théologiques ou métaphysiques, elle offrirait peu de gravité réelle, parce qu'il resterait un puissant appui chez ceux, dont le nombre et l'influence croissent journellement, qui sont surtout livrés aux études positives. Mais, par une fatalité aisément explicable, c'est de ceux-là même que la nouvelle école doit peut-être attendre le moins d'assistance et le plus d'entraves : une philosophie directement émanée des sciences trouvera probablement ses plus dangereux ennemis chez ceux qui les cultivent aujourd'hui. La principale source de ce déplorable conflit consiste dans la spécialisation aveugle et dispersive qui caractérise profondément l'esprit scientifique actuel, d'après sa formation nécessairement partielle, suivant la complication croissante des phénomènes étudiés, comme je l'indiquerai expressément ci-dessous [2]. Cette marche provisoire, qu'une dangereuse routine académique s'efforce aujourd'hui d'éterniser, surtout

1. Comte reprend les constats de la 57e leçon, où il stigmatise les oppositions des savants et de leur « pédantocratie » : cf. *Cours*, II, p.656 et sq. Voir aussi la « Préface personnelle » du dernier tome du *Cours* où Comte explique les déboires de sa carrière à Polytechnique par les oppositions des « coteries académiques ».

2. Cf. *infra*, § 70.

parmi les géomètres [1], développe la vraie positivité, chez chaque intelligence, seulement envers une faible portion du système mental, et laisse tout le reste sous un vague régime théologico-métaphysique, ou l'abandonne à un empirisme encore plus oppressif, en sorte que le véritable esprit positif, qui correspond à l'ensemble des divers travaux scientifiques, se trouve, au fond, ne pouvoir être pleinement compris par aucun de ceux qui l'ont ainsi naturellement préparé. De plus en plus livrés à cette inévitable tendance, les savants proprement dits sont ordinairement conduits, dans notre siècle, à une insurmontable aversion contre toute idée générale, et à l'entière impossibilité d'apprécier réellement aucune conception philosophique. On sentira mieux, au reste, la gravité d'une telle opposition en observant que, née des habitudes mentales, elle a dû s'étendre ensuite jusqu'aux divers intérêts correspondants, que notre régime scientifique rattache profondément, surtout en France, à cette désastreuse spécialité, comme je

1. Ce terme est à entendre, selon un usage courant au XIXe siècle, au sens général de « mathématiciens ».

l'ai soigneusement démontré dans l'ouvrage cité [1]. Ainsi, la nouvelle philosophie, qui exige directement l'esprit d'ensemble, et qui fait à jamais prévaloir, sur toutes les études aujourd'hui constituées, la science naissante du développement social, trouvera nécessairement une intime antipathie, à la fois active et passive, dans les préjugés et les passions de la seule classe qui pût directement lui offrir un point d'appui spéculatif, et chez laquelle elle ne doit longtemps espérer que des adhésions purement individuelles [2], plus rares là

1. On trouve ces critiques de la spécialisation dès la première leçon du *Cours*, accompagnées d'ailleurs de l'aveu ambitieux de Comte d'opérer la « refonte du système d'éducation ». Ces critiques reviennent régulièrement : cf. par exemple 46e leçon, II, p.75-79 ; Comte les inscrit même dans le titre de la 56e leçon consacrée à l'« âge de la spécialité ou époque provisoire, caractérisée par l'universelle prépondérance de l'esprit de détail sur l'esprit d'ensemble » ; et voir les « Conclusions logiques » de la 58e leçon où Comte répète à satiété la nécessité de « lier », de « solidariser », de « coordonner » par des points de vue généraux systématiques.

2. Parmi les très brillantes « adhésions individuelles » dont Comte a bénéficié citons le mathématicien Joseph Fourier, le biologiste H. D. de Blainville et Alexandre de Humboldt, qui, avec quelques autres grandes personnalités du monde scientifique avaient assisté aux premières séances du *Cours*.

peut-être que partout ailleurs *.

<59> Pour surmonter convenablement ce concours spontané de résistances diverses que lui présente aujourd'hui la masse spéculative proprement dite, l'école positive ne saurait trouver

* *Cette empirique prépondérance de l'esprit de détail chez la plupart des savants actuels, et leur aveugle antipathie envers toute généralisation quelconque, se trouvent beaucoup aggravées, surtout en France, par leur réunion habituelle en académies, où les divers préjugés analytiques se fortifient mutuellement, où d'ailleurs se développent des intérêts trop souvent abusifs, où enfin s'organise spontanément une sorte d'émeute permanente contre le régime synthétique qui doit désormais prévaloir. L'instinct de progrès qui caractérisait, il y a un demi-siècle, le génie révolutionnaire, avait confusément senti ces dangers essentiels, de manière à déterminer la suppression directe de ces compagnies arriérées, qui, ne convenant qu'à l'élaboration préliminaire de l'esprit positif, devenaient de plus en plus hostiles à sa systématisation finale. Quoique cette audacieuse mesure, si mal jugée d'ordinaire, fût alors prématurée, parce que ces graves inconvénients ne pouvaient encore être assez reconnus, il reste néanmoins certain que ces corporations scientifiques avaient déjà accompli le principal office que comportait leur nature : depuis leur restauration, leur influence réelle a été, au fond, beaucoup plus nuisible qu'utile à la marche actuelle de la grande évolution mentale*[1].

1. Rappelons que, dans ses méditations sur l'histoire, Auguste Comte a apprécié la suppression des Académies décrétée pendant la Révolution ; en 1848, il envisage aussitôt la même mesure dans son propre projet de Gouvernement révolutionnaire.

d'autre ressource générale que d'organiser un appel direct et soutenu au bon sens universel, en s'efforçant désormais de propager systématiquement, dans la masse active [1], les principales études scientifiques propres à y constituer la base indispensable de sa grande élaboration philosophique. Ces études préliminaires, naturellement dominées jusqu'ici par cet esprit de spécialité empirique qui préside aux sciences correspondantes, sont toujours conçues et dirigées comme si chacune d'elles devait surtout préparer à une certaine profession exclusive [2] ; ce qui interdit évidemment la possibilité, même chez ceux qui auraient le plus de loisir, d'en embrasser jamais plusieurs, ou du

1. Comte fait des Cours populaires depuis 1830, et le traité dont ce *Discours* est l'introduction est un *Traité philosophique d'astronomie « populaire »*. Mais c'est dans la 57e leçon du *Cours* qu'il thématise très clairement son attention privilégiée à la « masse active » – cf. *Cours*, II, p.680 et sq.

2. En fait, cette critique d'une préparation professionnelle exclusive, est aussi une critique des visées professionnelles en général. Dans le système d'éducation que proposera Comte, il n'y a pas d'enseignement professionnel et technique : « L'apprentissage professionnel doit résulter ensuite de l'exercice, jusque dans les grands arts, sans comporter jamais aucun véritable enseignement ». Sur ces projets voir des indications dispersées dans *Système*, I, *D.P.* ; le *Rapport sur la nature et le plan de l'Ecole positive* de 1849, in *Corr.*, V, Annexes, p.275-291 ; et *Système*, IV, p.384-392 et 424-444.

moins autant que l'exigerait la formation ultérieure de saines conceptions générales. Mais il n'en peut plus être ainsi quand une telle instruction est directement destinée à l'éducation universelle [1], qui en change nécessairement le caractère et la direction, malgré toute tendance contraire. Le public, en effet, qui ne veut devenir ni géomètre, ni astronome, ni chimiste, etc., éprouve continuellement le besoin simultané de toutes les sciences fondamentales, réduites chacune à ses notions essentielles : il lui faut, suivant l'expression très remarquable de notre grand Molière, *des clartés de tout*. Cette simultanéité nécessaire n'existe pas seulement pour lui quand il considère ces études dans leur destination abstraite et générale, comme seule base rationnelle de l'ensemble des conceptions humaines : il la retrouve encore, quoique moins directement, même envers les diverses applications concrètes, dont chacune, au fond, au lieu de se rapporter exclusivement à une certaine branche de la philosophie naturelle, dépend aussi plus ou moins de toutes les autres [2].

1. On remarquera la distinction entre « instruction » et « éducation » : Comte vise une éducation-formation.

2. Ceci renforce aussi l'ordre des connaissances indiqué par Comte dans le *Cours*, 2e leçon : maîtriser d'abord les sciences théoriques, générales, abstraites, avant de s'occuper des sciences concrètes et appliquées.

Ainsi, l'universelle propagation des principales études positives n'est pas uniquement destinée aujourd'hui à satisfaire un besoin déjà très prononcé chez le public, qui sent de plus en plus que les sciences ne sont pas exclusivement réservées pour les savants, mais qu'elles existent surtout pour lui-même. Par une heureuse réaction spontanée, une telle destination, quand elle sera convenablement développée, devra radicalement améliorer l'esprit scientifique actuel, en le dépouillant de sa spécialité aveugle et dispersive, de manière à lui faire acquérir peu à peu le vrai caractère philosophique, indispensable à sa principale mission. Cette voie est même la seule qui puisse, de nos jours, constituer graduellement, en dehors de la classe spéculative proprement dite, un vaste tribunal spontané, aussi impartial qu'irrécusable, formé de la masse des hommes sensés, devant lequel viendront s'éteindre irrévocablement beaucoup de fausses opinions scientifiques, que les vues propres à l'élaboration préliminaire des deux derniers siècles ont dû mêler profondément aux doctrines vraiment positives, qu'elles altéreront nécessairement tant que ces discussions ne seront pas enfin directement soumises au bon sens universel [1]. En un temps où il ne faut attendre

1. Cf. *supra* § 34-37. Le bon sens universel est à la

d'efficacité immédiate que de mesures toujours provisoires, bien adaptées à notre situation transitoire, l'organisation nécessaire d'un tel point d'appui général pour l'ensemble des travaux philosophiques devient, à mes yeux, le principal résultat social que puisse maintenant produire l'entière vulgarisation des connaissances réelles : le public rendra ainsi à la nouvelle école un plein équivalent des services que cette organisation lui procurera.

<60> Ce grand résultat ne pourrait être suffisamment obtenu si cet enseignement continu restait destiné à une seule classe quelconque, même très étendue : on doit, sous peine d'avortement, y avoir toujours en vue l'entière universalité des intelligences. Dans l'état normal que ce mouvement doit préparer, toutes, sans aucune exception ni distinction [1], éprouveront toujours le même besoin fondamental de cette philosophie première [2], résultée de l'ensemble des notions réelles,

fois pour Comte une source de l'esprit positif et un moyen de contrôle.

1. Aussi Comte prévoit la même éducation pour tous : riches ou pauvres, patriciens ou prolétaires, hommes et femmes ; il recommande même la mobilité des professeurs pour une formation plus unifiée.

2. Ici l'expression de « philosophie première » est à entendre au sens où Comte l'emploie dans le *Cours*, cf. 2e leçon, I, p.45, 58e leçon, II, p.710-711, 739. Plus tard,

et qui doit alors devenir la base systématique de la sagesse humaine, aussi bien active que spéculative, de manière à remplir plus convenablement l'indispensable office social qui se rattachait jadis à l'universelle instruction chrétienne. Il importe donc beaucoup que, dès son origine, la nouvelle école philosophique développe, autant que possible, ce grand caractère élémentaire d'universalité sociale, qui, finalement relatif à sa principale destination, constituera aujourd'hui sa plus grande force contre les diverses résistances qu'elle doit rencontrer.

<61> Afin de mieux marquer cette tendance nécessaire, une intime conviction d'abord instinctive, puis systématique, m'a déterminé, depuis longtemps à représenter toujours l'enseignement exposé dans ce traité comme s'adressant surtout à la classe la plus nombreuse, que notre situation laisse dépourvue de toute instruction régulière, par suite de la désuétude croissante de l'instruction purement théologique, qui, provisoirement remplacée, pour les seuls lettrés, par une certaine instruction métaphysique et littéraire, n'a pu

l'expression désigne plus précisément l'ensemble des lois fondamentales : voir *Système*, IV, p.181-186. C'est en ce dernier sens que le successeur de Comte, Pierre Laffitte, écrit son *Cours de Philosophie première*, Paris, 1889-1894.

recevoir, surtout en France, aucun pareil équivalent pour la masse populaire [1]. L'importance et la nouveauté d'une telle disposition constante, mon vif désir qu'elle soit convenablement appréciée, et même, si j'ose le dire, imitée, m'obligent à indiquer ici les principaux motifs de ce contact spirituel que doit ainsi spécialement instituer aujourd'hui avec les prolétaires la nouvelle école philosophique, sans toutefois que son enseignement doive jamais exclure aucune classe quelconque. Quelques obstacles que le défaut de zèle ou d'élévation puisse réellement apporter de part et d'autre à un tel rapprochement, il est aisé de reconnaître, en général, que, de toutes les portions de la société actuelle, le peuple proprement dit doit être, au fond, la mieux disposée, par les tendances et les besoins qui résultent de sa situation caractéristique, à accueillir favorablement la nouvelle philosophie, qui finalement doit trouver là son principal appui, aussi bien mental que social [2].

1. On rappellera qu'au moment de la Révolution de 1848, dès le 25 février, Comte fonde l'« Association libre pour l'instruction positive du peuple dans tout l'occident européen », qui devient ensuite la « Société positiviste » – voir les textes fondateurs dans *Corr.*, IV, Annexes, p.263-270.

2. En 1848 Comte développe ces idées sur les dispositions populaires au positivisme dans la troisième

<62> Une première considération, qu'il importe d'approfondir, quoique sa nature soit surtout négative, résulte, à ce sujet, d'une judicieuse appréciation de ce qui, au premier aspect, pourrait sembler offrir une grave difficulté, c'est-à-dire l'absence actuelle de toute culture spéculative. Sans doute, il est regrettable, par exemple, que cet enseignement populaire de la philosophie astronomique ne trouve pas encore, chez tous ceux auxquels il est surtout destiné, quelques études mathématiques préliminaires, qui le rendraient à la fois plus efficace et plus facile, et que je suis même forcé d'y supposer. Mais la même lacune se rencontrerait aussi chez la plupart des autres classes actuelles, en un temps où l'instruction positive reste bornée, en France, à certaines professions spéciales, qui se rattachent essentiellement à l'École Polytechnique ou aux écoles de médecine. Il n'y a donc rien là qui soit vraiment particulier à nos prolétaires. Quant à leur défaut habituel de cette sorte de culture régulière que reçoivent aujourd'hui les classes lettrées, je ne crains pas de tomber dans une exagération philosophique en affirmant qu'il en résulte, pour les esprits populaires, un notable avantage, au lieu

partie de son *Discours sur l'ensemble du positivisme* : cf. *Système*, I, *D.P.*, p.128-203.

d'un inconvénient réel. Sans revenir ici sur une critique malheureusement trop facile, assez accomplie depuis longtemps, et que l'expérience journalière confirme de plus en plus aux yeux de la plupart des hommes sensés, il serait difficile de concevoir maintenant une préparation plus irrationnelle, et au fond, plus dangereuse, à la conduite ordinaire de la vie réelle, soit active, soit même spéculative, que celle qui résulte de cette vaine instruction, d'abord de mots, puis d'entités, où se perdent encore tant de précieuses années de notre jeunesse [1]. A la majeure partie de ceux qui la reçoivent, elle n'inspire guère désormais qu'un dégoût presque insurmontable de tout travail intellectuel pour le cours entier de leur carrière : mais ses dangers deviennent beaucoup plus graves chez ceux qui s'y sont plus spécialement livrés. L'inaptitude à la vie réelle, le dédain des professions vulgaires, l'impuissance d'apprécier convenablement aucune conception positive, et l'antipathie qui en résulte bientôt, les disposent trop souvent aujourd'hui à seconder une stérile agitation métaphysique, que d'inquiètes prétentions personnelles, développées par cette désas-

1. L'époque est féconde en discussions, controverses, projets et décrets de réformes de l'enseignement. Il y aura plusieurs tentatives pour instaurer des filières d'« enseignement spécial » et des « sections scientifiques ».

treuse éducation, ne tardent pas à rendre politiquement perturbatrice, sous l'influence directe d'une vicieuse érudition historique, qui, en faisant prévaloir une fausse notion du type social propre à l'antiquité, empêche communément de comprendre la sociabilité moderne [1]. En considérant que presque tous ceux qui, à divers égards, dirigent maintenant les affaires humaines, y ont été ainsi préparés, on ne saurait être surpris de la honteuse ignorance qu'ils manifestent trop souvent sur les moindres sujets, même matériels, ni de leur fréquente disposition à négliger le fond pour la forme [2], en plaçant au-dessus de tout l'art de bien dire, quelque contradictoire ou pernicieuse qu'en devienne l'application, ni enfin de la tendance spéciale de nos classes lettrées à accueillir avidement toutes les aberrations qui surgissent journellement de notre anarchie mentale. Une telle appréciation dispose, au contraire, à s'étonner que ces divers désastres ne soient pas ordinairement plus étendus ; elle conduit à admirer profondément la rectitude et la sagesse naturelles de

1. Selon Comte l'instruction passéiste engendre des comportements sociaux rétrogrades.

2. On a souvent reproché à Comte les lourdeurs de son style. Il avoue avoir sacrifié toute « vanité littéraire », et dénonce la légéreté de ceux qu'il appelle les « sophistes » universitaires – cf. *Système*, I, « Préface », p.6-7.

l'homme, qui, sous l'heureuse impulsion propre à l'ensemble de notre civilisation, contiennent spontanément, en grande partie, ces dangereuses conséquences d'un absurde système d'éducation générale. Ce système ayant été, depuis la fin du moyen âge, comme il l'est encore, le principal point d'appui social de l'esprit métaphysique, soit d'abord contre la théologie, soit ensuite aussi contre la science, on conçoit aisément que les classes qu'il n'a pu envelopper doivent se trouver, par cela même, beaucoup moins affectées de cette philosophie transitoire, et dès lors mieux disposées à l'état positif. Or, tel est l'important avantage que l'absence d'éducation scolastique procure aujourd'hui à nos prolétaires, et qui les rend, au fond, moins accessibles que la plupart des lettrés aux divers sophismes perturbateurs, conformément à l'expérience journalière, malgré une excitation continue, systématiquement dirigée vers les passions relatives à leur condition sociale [1]. Ils durent être jadis profondément dominés par le théologie, surtout catholique ; mais, pendant leur émancipation mentale, la métaphysique n'a pu que glisser sur eux, faute d'y rencontrer la culture spéciale sur laquelle elle repose : seule, la philo-

1. Comte critique violemment la démagogie : voir, par exemple, *Cours*, 57e leçon.

sophie positive pourra, de nouveau, les saisir radicalement. Les conditions préalables, tant recommandées par les premiers pères de cette philosophie finale, doivent là se trouver ainsi mieux remplies que partout ailleurs : si la célèbre *table rase* de Bacon et de Descartes [1] était jamais pleinement réalisable, ce serait assurément chez les prolétaires actuels, qui, principalement en France, sont bien plus rapprochés qu'aucune classe quelconque du type idéal de cette disposition préparatoire à la positivité rationnelle.

<63> En examinant, sous un aspect plus intime et plus durable, cette inclination naturelle des intelligences populaires vers la saine philosophie, on reconnaît aisément qu'elle doit toujours résulter de la solidarité fondamentale qui, d'après nos explications antérieures, rattache directement le véritable esprit philosophique au bon sens universel, sa première source nécessaire. Non seulement, en effet, ce bon sens, si justement préconisé par Descartes et Bacon, doit aujourd'hui se trouver plus pur et plus énergique chez les classes inférieures, en vertu même de cet heureux défaut de culture scolastique qui les rend moins

1. La conception de l'entendement comme « table rase » attribuée ici à Bacon et Descartes laisse perplexe sur la précision des souvenirs de lectures de Comte !

accessibles aux habitudes vagues ou sophistiques. A cette différence passagère, que dissipera graduellement une meilleure éducation des classes lettrées, il en faut joindre une autre, nécessairement permanente, relative à l'influence mentale des diverses fonctions sociales propres aux deux ordres d'intelligences, d'après le caractère respectif de leurs travaux habituels. Depuis que l'action réelle de l'humanité sur le monde extérieur a commencé, chez les modernes, à s'organiser spontanément, elle exige la combinaison continue de deux classes distinctes, très inégales en nombre, mais également indispensables : d'une part, les entrepreneurs [1] proprement dits, toujours peu nombreux, qui, possédant les divers matériaux convenables, y compris l'argent et le crédit, dirigent l'ensemble de chaque opération, en assumant dès lors la principale responsabilité des résultats quelconques ; d'une autre part, les opérateurs directs, vivant d'un salaire périodique et formant l'immense majorité des travailleurs, qui exécutent, dans une sorte d'intention abstraite, chacun des actes élémentaires, sans se préoccuper spécialement de leur concours final. Ces derniers

1. Le choix de ce terme, comme, *infra*, de celui d'« opérateurs », souligne la solidarité des activités. En fait, dans le *Système* et le *Catéchisme*, Comte use plus volontiers des termes « patriciens » et « prolétaires ».

sont seuls immédiatement aux prises avec la nature, tandis que les premiers ont surtout affaire à la société. Par une suite nécessaire de ces diversités fondamentales, l'efficacité spéculative que nous avons reconnue inhérente à la vie industrielle pour développer involontairement l'esprit positif doit ordinairement se faire mieux sentir chez les opérateurs que parmi les entrepreneurs ; car, leurs travaux propres offrent un caractère plus simple, un but plus nettement déterminé, des résultats plus prochains, et des conditions plus impérieuses. L'école positive y devra donc trouver naturellement un accès plus facile pour son enseignement universel, et une plus vive sympathie pour sa rénovation philosophique, quand elle pourra convenablement pénétrer dans ce vaste milieu social. Elle y devra rencontrer, en même temps, des affinités morales non moins précieuses que ces harmonies mentales, d'après cette commune insouciance matérielle [1] qui rapproche spontanément nos prolétaires de la véritable classe contemplative [2], du moins quand celle-ci aura pris enfin les mœurs correspondantes

1. La valorisation de « l'insouciance matérielle » contredit là encore les interprétations hâtives du positivisme comme matérialisme.

2. Dans le *Système*, les prolétaires seront d'ailleurs intégrés au « pouvoir spirituel ».

à sa destination sociale. Cette heureuse disposition, aussi favorable à l'ordre universel qu'à la vraie félicité personnelle, acquerra un jour beaucoup d'importance normale, d'après la systématisation des rapports généraux qui doivent exister entre ces deux éléments extrêmes de la société positive. Mais, dès ce moment, elle peut faciliter essentiellement leur union naissante, en suppléant au peu de loisir que les occupations journalières laissent à nos prolétaires pour leur instruction spéculative. Si, en quelques cas exceptionnels d'extrême surcharge, cet obstacle continu semble, en effet, devoir empêcher tout essor mental, il est ordinairement compensé par ce caractère de sage imprévoyance qui, dans chaque intermittence naturelle des travaux obligés, rend à l'esprit une pleine disponibilité [1]. Le vrai loisir ne doit manquer habituellement que dans la classe qui s'en croit spécialement douée ; car, à raison même de sa fortune et de sa position, elle reste communément préoccupée d'actives inquiétudes, qui ne comportent presque jamais un véritable calme, intellectuel et moral. Cet état doit être facile, au contraire, soit aux penseurs, soit aux opérateurs, d'après leur

1. Cette vision de la situation des prolétaires est certes bien idéalisée ... mais assez courante à l'époque : Michelet, par exemple, publie *Le Peuple* en 1846.

commun affranchissement spontané des soucis relatifs à l'emploi des capitaux, et indépendamment de la régularité naturelle de leur vie journalière.

<64> Quand ces différentes tendances, mentales et morales, auront convenablement agi, c'est donc parmi les prolétaires que devra le mieux se réaliser cette universelle propagation de l'instruction positive, condition indispensable à l'accomplissement graduel de la rénovation philosophique. C'est aussi chez eux que le caractère continu d'une telle étude pourra devenir le plus purement spéculatif, parce qu'elle s'y trouvera mieux exempte de ces vues intéressées qu'y apportent, plus ou moins directement, les classes supérieures, presque toujours préoccupées de calculs avides ou ambitieux. Après y avoir d'abord cherché le fondement universel de toute sagesse humaine, ils y viendront puiser ensuite, comme dans les beaux-arts, une douce diversion habituelle à l'ensemble de leurs peines journalières [1]. Leur inévitable condition sociale devant leur rendre beaucoup plus précieuse une telle diversion, soit scientifique, soit esthétique, il

1. En 1848 Comte consacre toute une partie de son *Discours sur l'ensemble du positivisme* à l'« Aptitude esthétique du positivisme » : voir *Système*, I, *D.P.*, p.274-320.

serait étrange que les classes dirigeantes voulussent y voir, au contraire, un motif fondamental de les en tenir essentiellement privés, en refusant systématiquement la seule satisfaction qui puisse être indéfiniment partagée à ceux-là même qui doivent sagement renoncer aux jouissances les moins communicables. Pour justifier un tel refus, trop souvent dicté par l'égoïsme et l'irréflexion, on a quelquefois objecté, il est vrai, que cette vulgarisation spéculative tendrait à aggraver profondément le désordre actuel, en développant la funeste disposition, déjà trop prononcée, au déclassement universel. Mais cette crainte naturelle, unique objection sérieuse qui, à ce sujet, méritât une vraie discussion, résulte aujourd'hui, dans la plupart des cas de bonne foi, d'une irrationnelle confusion de l'instruction positive, à la fois esthétique et scientifique, avec l'instruction métaphysique et littéraire, seule maintenant organisée. Celle-ci, en effet, que nous avons déjà reconnue exercer une action sociale très perturbatrice chez les classes lettrées, deviendrait beaucoup plus dangereuse si on l'étendait aux prolétaires, où elle développerait, outre le dégoût des occupations matérielles, d'exorbitantes ambitions. Mais, heureusement, ils sont, en général, encore moins disposés à la demander qu'on ne le serait à la leur accorder [1]. Quant aux études positives, sagement conçues et convenablement dirigées, elles ne comportent nullement une telle influence : s'alliant et s'appliquant, par leur nature, à tous les travaux pratiques, elles tendent, au contraire, à en confirmer ou même inspirer le goût, soit en anoblissant leur caractère habituel, soit en adoucissant leurs pénibles conséquences ; conduisant d'ailleurs à une saine appréciation des diverses positions sociales et des nécessités correspondantes, elles disposent à sentir que le bonheur réel est compatible avec toutes les conditions quelconques, pourvu qu'elles soient honorablement remplies et raisonnablement acceptées. La philosophie générale qui en résulte représente l'homme, ou plutôt l'humanité, comme le premier des êtres connus, destiné, par l'ensemble des lois réelles, à toujours perfectionner autant que possible, et à tous égards, l'ordre naturel, à l'abri de toute inquiétude chimérique ; ce qui tend à relever profondément l'actif sentiment universel de la

1. A signaler cependant que dans la *Bibliohèque du prolétaire au dix-neuvième siècle* telle que Comte l'établit en 1851, 30 volumes, sur 150, sont réservés à la « Poésie » comprenant toutes formes de littérature : théâtres, fables, romans, légendes, poèmes, etc. Cette Bibliothèque a été reprise dans le *Catéchisme positiviste*, puis jointe, avec de très légères modifications, au *Système*.

dignité humaine. En même temps, elle tempère spontanément l'orgueil trop exalté qu'il pourrait susciter, en montrant, sous tous les aspects, et avec une familière évidence, combien nous devons rester sans cesse au-dessous du but et du type ainsi caractérisés, soit dans la vie active, soit même dans la vie spéculative où l'on sent, presque à chaque pas, que nos plus sublimes efforts ne peuvent jamais surmonter qu'une faible partie des difficultés fondamentales [1].

<65> Malgré la haute importance des divers motifs précédents, des considérations encore plus puissantes détermineront surtout les intelligences populaires à seconder aujourd'hui l'action philosophique de l'école positive par leur ardeur continue pour l'universelle propagation des études réelles : elles se rapportent aux principaux besoins collectifs propres à la condition sociale des prolétaires. On peut les résumer en cet aperçu général ; il n'a pu exister jusqu'ici une politique spécialement populaire, et la nouvelle philosophie peut seule la constituer.

1. Comme le sage esprit positif sait qu'on ne peut espérer tout connaître et sait les bornes du progrès des connaisances, il sait qu'on ne peut espérer tout maîtriser et sait les bornes des progrès de la modificabilité. A rapprocher du § 29 *supra*.

<66> Depuis le commencement de la grande crise moderne, le peuple n'est encore intervenu que comme simple auxiliaire dans les principales luttes politiques, avec l'espoir, sans doute, d'y obtenir quelques améliorations de sa situation générale, mais non d'après les vues et pour un but qui lui fussent réellement propres. Tous les débats habituels sont restés essentiellement concentrés entre les diverses classes supérieures ou moyennes, parce qu'ils se rapportaient surtout à la possession du pouvoir. Or, le peuple ne pouvait longtemps s'intéresser directement à de tels conflits, puisque la nature de notre civilisation empêche évidemment les prolétaires d'espérer, et même de désirer, aucune importante participation à la puissance politique proprement dite. Aussi, après avoir essentiellement réalisé tous les résultats sociaux qu'ils pouvaient attendre de la substitution provisoire des métaphysiciens et des légistes à l'ancienne prépondérance politique des classes sacerdotales et féodales [1], deviennent-ils aujourd'hui de plus en plus indifférents à la stérile prolongation de ces luttes de plus en plus misérables, désormais réduites presque à de vaines rivalités personnelles. Quels que soient les efforts

1. C'est ainsi que Comte analyse les limites de la Révolution française.

journaliers de l'agitation métaphysique pour les faire intervenir dans ces frivoles débats, par l'appât de ce qu'on nomme les droits politiques [1], l'instinct populaire a déjà compris, surtout en France, combien serait illusoire ou puérile la possession d'un tel privilège, qui, même dans son degré actuel de dissémination, n'inspire habituellement aucun intérêt véritable à la plupart de ceux qui en jouissent exclusivement. Le peuple ne peut s'intéresser essentiellement qu'à l'usage effectif du pouvoir en quelques mains qu'il réside, et non à sa conquête spéciale. Aussitôt que les questions politiques, ou plutôt dès lors sociales, se rapporteront ordinairement à la manière dont le pouvoir doit être exercé pour mieux atteindre sa destination générale, principalement relative, chez les modernes, à la masse prolétaire, on ne tardera pas à reconnaître que le dédain actuel ne tient nullement à une dangereuse indifférence : jusque-là, l'opinion populaire restera étrangère à ces débats, qui,

1. Les propositions politiques de Comte élimineront donc ces idées métaphysiques : « Cette régénération décisive consiste surtout à substituer toujours les devoirs aux droits [...]. Le mot *droit* doit être autant écarté du vrai langage politique que le mot *causes* du vrai langage philosophique. [...] Dans l'état positif l'idée de *droit* disparait irrévocablement [...]. Nul ne possède plus d'autre droit que celui de toujours faire son devoir » (*Système*, I, *D.P.*, p.361).

aux yeux des bons esprits, en augmentant l'instabilité de tous les pouvoirs, tendent spécialement à retarder cette indispensable transformation. En un mot, le peuple est naturellement disposé à désirer que la vaine et orageuse discussion des droits se trouve enfin remplacée par une féconde et salutaire appréciation des divers devoirs essentiels, soit généraux, soit spéciaux. Tel est le principe spontané de l'intime connexité qui, tôt ou tard sentie, ralliera nécessairement l'instinct populaire à l'action sociale de la philosophie positive ; car cette grande transformation équivaut évidemment à celle, ci-dessus motivée par les plus hautes considérations spéculatives, du mouvement politique actuel en un simple mouvement philosophique, dont le premier et le principal résultat social consistera, en effet, à constituer solidement une active morale universelle, prescrivant à chaque agent, individuel ou collectif, les règles de conduite les plus conformes à l'harmonie fondamentale. Plus on méditera sur cette relation naturelle, mieux on reconnaîtra que cette mutation décisive, qui ne pouvait émaner que de l'esprit positif, ne peut aujourd'hui trouver un solide appui que chez le peuple proprement dit, seul disposé à la bien comprendre et à s'y intéresser profondément [1]. Les préjugés et les passions propres aux classes supérieures ou moyennes, s'opposent conjointement à ce qu'elle y soit d'abord suffisamment sentie, parce qu'on y doit être ordinairement plus touché des avantages inhérents à la possession du pouvoir que des dangers résultés de son vicieux exercice. Si le peuple est maintenant et doit rester désormais indifférent à la possession directe du pouvoir politique, il ne peut jamais renoncer à son indispensable participation continue au pouvoir moral, qui, seul vraiment accessible à tous, sans aucun danger pour l'ordre universel, et, au contraire, à son grand avantage journalier, autorise chacun, au nom d'une commune doctrine fondamentale, à rappeler convenablement les plus hautes puissances à leurs divers devoirs essentiels. A la vérité, les préjugés inhérents à l'état transitoire ou révolutionnaire ont dû trouver aussi quelque accès parmi nos prolétaires ; ils y entretiennent, en effet, de fâcheuses illusions sur la portée indéfinie des mesures politiques proprement dites ; ils y empêchent d'apprécier combien la juste satisfaction des grands intérêts populaires dépend aujour-

1. En 1848 Comte pensera même à confier le gouvernement révolutionnaire provisoire aux prolétaires : voir *Système*, I, *D.P.*, p.382-383 et le *Rapport* d'août 1848, *Corr.* IV, Annexes, p.284 et sq., surtout p.295-300.

d'hui davantage des opinions et des mœurs que des institutions elles-mêmes, dont la vraie régénération, actuellement impossible, exige, avant tout, une réorganisation spirituelle. Mais on peut assurer que l'école positive aura beaucoup plus de facilité à faire pénétrer ce salutaire enseignement chez les esprits populaires que partout ailleurs, soit parce que la métaphysique négative n'a pu s'y enraciner autant [1], soit surtout par l'impulsion constante des besoins sociaux inhérents à leur situation nécessaire. Ces besoins se rapportent essentiellement à deux conditions fondamentales, l'une spirituelle, l'autre temporelle, de nature profondément connexe : il s'agit, en effet, d'assurer convenablement à tous, d'abord l'éducation normale, ensuite le travail régulier [2] ; tel est, au fond, le vrai programme social des prolétaires. Il ne peut plus exister de véritable popularité que pour la politique qui tendra nécessairement vers cette double destination. Or, tel est, évidemment, le caractère spontané de la doctrine sociale propre à la nouvelle école philosophique ; nos explications antérieures doivent ici dispenser, à cet égard, de tout autre éclaircissement, d'ailleurs réservé à

1. Cf. *supra* § 62.

2. En 1848 la « question du travail » est l'une des premières examinées par la « Société positiviste » : voir le *Rapport* de mai 1848, *Corr.*, IV, Annexes, p.273-279.

l'ouvrage si souvent indiqué dans ce discours. Il importe seulement d'ajouter, à ce sujet, que la concentration nécessaire de nos pensées et de notre activité sur la vie réelle de l'humanité, en écartant toute vaine illusion, tendra spécialement à fortifier beaucoup l'adhésion morale et politique du peuple proprement dit à la vraie philosophie moderne. En effet, son judicieux instinct y sentira bientôt un puissant motif nouveau de diriger surtout la pratique sociale vers la sage amélioration continue de sa propre condition générale. Les chimériques espérances inhérentes à l'ancienne philosophie ont trop souvent conduit, au contraire, à négliger avec dédain de tels progrès, ou à les écarter par une sorte d'ajournement continu, d'après la minime importance relative que devait naturellement leur laisser cette éternelle perspective, immense compensation spontanée de toutes les misères quelconques [1].

<67> Cette sommaire appréciation suffit maintenant à signaler, sous les divers aspects essentiels, l'affinité nécessaire des classes inférieures pour la philosophie positive, qui, aussitôt que le contact aura pu pleinement s'établir,

1. On voit se dessiner de plus en plus le projet comtien d'une religion positiviste soucieuse de l'humain terrestre, à substituer aux religions orientées vers l'au-delà céleste.

trouvera là son principal appui naturel, à la fois mental et social ; tandis que la philosophie théologique ne convient plus qu'aux classes supérieures, dont elle tend à éterniser la prépondérance politique, comme la philosophie métaphysique s'adresse surtout aux classes moyennes, dont elle seconde l'active ambition. Tout esprit méditatif doit ainsi comprendre enfin l'importance vraiment fondamentale que présente aujourd'hui une sage vulgarisation systématique des études positives [1], essentiellement destinée aux prolétaires, afin d'y préparer une saine doctrine sociale. Les divers observateurs qui peuvent s'affranchir, même momentanément, du tourbillon journalier, s'accordent maintenant à déplorer, et certes avec beaucoup de raison, l'anarchique influence qu'exercent, de nos jours, les sophistes et les rhéteurs. Mais ces justes plaintes resteront inévitablement vaines tant qu'on n'aura pas mieux senti la nécessité de sortir enfin d'une situation mentale, où l'éducation officielle ne peut aboutir, d'ordinaire, qu'à former des rhéteurs et des sophistes, qui tendent ensuite spontanément à propager le même esprit, par le

1. Sur les exigences de la « sage vulgarisation » et la critique des « charlataneries » des savants actuels, voir *Cours*, 57e leçon, II, p.668-669.

triple enseignement émané des journaux, des romans, et des drames, parmi les classes inférieures, qu'aucune instruction régulière ne garantit de la contagion métaphysique, repoussée seulement par leur raison naturelle. Quoique l'on doive espérer, à ce titre, que les gouvernements actuels sentiront bientôt combien l'universelle propagation des connaissances réelles peut seconder de plus en plus leurs efforts continus pour le difficile maintien d'un ordre indispensable, il ne faut pas encore attendre d'eux, ni même en désirer, une coopération vraiment active à cette grande préparation rationnelle, qui doit longtemps résulter surtout d'un libre zèle privé, inspiré et soutenu par de véritables convictions philosophiques. L'imparfaite conservation d'une grossière harmonie politique, sans cesse compromise au milieu de notre désordre mental et moral, absorbe trop justement leur sollicitude journalière, et les tient même placés à un point de vue trop inférieur, pour qu'ils puissent dignement comprendre la nature et les conditions d'un tel travail, dont il faut seulement leur demander d'entrevoir l'importance. Si, par un zèle intempestif, ils tentaient aujourd'hui de le diriger, ils ne pourraient aboutir qu'à l'altérer profondément, de manière à compromettre beaucoup de sa principale efficacité, en ne le rattachant pas à une philosophie assez décisive, ce qui le ferait bientôt dégénérer en une incohérente accumulation de spécialités superficielles. Ainsi, l'école positive, résultée d'un actif concours volontaire des esprits vraiment philosophiques, n'aura longtemps à demander à nos gouvernements occidentaux, pour accomplir convenablement son grand office social, qu'une pleine liberté d'exposition et de discussion, équivalente à celle dont jouissent déjà l'école théologique et l'école métaphysique. L'une peut, chaque jour, dans ses mille tribunes sacrées, préconiser, à son gré, l'excellence absolue de son éternelle doctrine, et vouer tous ses adversaires quelconques à une irrévocable damnation ; l'autre, dans les nombreuses chaires que lui entretient la munificence nationale, peut journellement développer, devant d'immenses auditoires, l'universelle efficacité de ses conceptions ontologiques et la prééminence indéfinie de ses études littéraires. Sans prétendre à de tels avantages, que le temps doit seul procurer, l'école positive ne demande essentiellement aujourd'hui qu'un simple droit d'asile régulier dans les locaux municipaux [1], pour

1. Comte professsait son « Cours d'astronomie populaire » à la mairie du IIIème arrondissement. Le « plein essor de la liberté d'exposition ou de discussion et la vraie liberté d'enseignement » sont au premier rang du

y faire directement apprécier son aptitude finale à la satisfaction simultanée de tous nos grands besoins sociaux, en propageant avec sagesse la seule instruction systématique qui puisse désormais préparer une véritable réorganisation, d'abord mentale, puis morale, et enfin politique. Pourvu que ce libre accès lui reste toujours ouvert, le zèle volontaire et gratuit de ses rares promoteurs, secondé par le bon sens universel, et sous l'impulsion croissante de la situation fondamentale, ne redoutera jamais de soutenir, même dès ce moment, une active concurrence philosophique envers les nombreux et puissants organes, même réunis, des deux écoles anciennes. Or, il n'est plus à craindre que désormais les hommes d'État s'écartent gravement, à cet égard, de l'impartiale modération de plus en plus inhérente à leur propre indifférence spéculative : l'école positive a même lieu de compter, sous ce rapport, sur la bienveillance habituelle des plus intelligents d'entre eux, non seulement en France, mais aussi dans tout notre Occident. Leur surveillance continue de ce libre enseignement populaire se bornera bientôt à y prescrire seulement la condition permanente d'une vraie positi-

programme comtien de Gouvernement révolutionnaire : *Système*, I, *D.P.*, p.381-382.

vité ; en y écartant, avec une inflexible sévérité, l'introduction, trop imminente encore, des spéculations vagues ou sophistiquées. Mais, à ce sujet, les besoins essentiels de l'école positive concourent directement avec les devoirs naturels des gouvernements : car, si ceux-ci doivent repousser un tel abus en vertu de sa tendance anarchique, celle-là, outre ce juste motif, le juge pleinement contraire à la destination fondamentale d'un tel enseignement, comme ranimant ce même esprit métaphysique où elle voit aujourd'hui le principal obstacle à l'avènement social de la nouvelle philosophie. Sous cet aspect, ainsi qu'à tout autre titre, les philosophes positifs se sentiront toujours presque aussi intéressés que les pouvoirs actuels, au double maintien continu de l'ordre intérieur et de la paix extérieure, parce qu'ils y voient la condition la plus favorable à une vraie rénovation mentale et morale : seulement, du point de vue qui leur est propre, ils doivent apercevoir de plus loin ce qui pourrait compromettre ou consolider ce grand résultat politique de l'ensemble de notre situation transitoire.

<68> Nous avons maintenant assez caractérisé, à tous égards, l'importance capitale que présente aujourd'hui l'universelle propagation des études positives, surtout parmi les prolétaires, pour constituer désormais un indispensable point

d'appui, à la fois mental et social, à l'élaboration philosophique qui doit déterminer graduellement la réorganisation spirituelle des sociétés modernes. Mais une telle appréciation resterait encore incomplète, et même insuffisante, si la fin de ce discours n'était pas directement consacrée à établir l'ordre fondamental qui convient à cette série d'études, de manière à fixer la vraie position que doit occuper, dans leur ensemble, celle dont ce traité s'occupera ensuite exclusivement [1]. Loin que cet arrangement didactique soit presque indifférent, comme notre vicieux régime scientifique le fait trop souvent supposer, on peut assurer, au contraire, que c'est de lui surtout que dépend la principale efficacité, intellectuelle ou sociale, de cette grande préparation. Il existe d'ailleurs une intime solidarité entre la conception encyclopédique d'où il résulte et la loi fondamentale d'évolution qui sert de base à la nouvelle philosophie générale [2].

1. Comte indique toujours clairement son plan. Ici commence l'exposé du troisième point indiqué dans les quelques lignes de sa présentation de ce *Discours* : « application spéciale de ces principes à la science astronomique, d'après sa vraie position encyclopédique ».

2. La solidarité de la « loi des trois états » et de « l'échelle encyclopédique » était établie comme base de la philosophie positive dans les deux premières leçons du *Cours*.

<69> Un tel ordre doit, par sa nature, remplir deux conditions essentielles, l'une dogmatique, l'autre historique, dont il faut d'abord reconnaître la convergence nécessaire : la première consiste à ranger les sciences suivant leur dépendance successive, en sorte que chacune repose sur la précédente et prépare la suivante ; la seconde prescrit de les disposer d'après la marche de leur formation affective, en passant toujours des plus anciennes aux plus récentes. Or, l'équivalence spontanée de ces deux voies encyclopédiques tient, en général, à l'identité fondamentale qui existe inévitablement entre l'évolution individuelle et l'évolution collective, lesquelles ayant une pareille origine, une semblable destination, et un même agent, doivent toujours offrir des phases correspondantes, sauf les seules diversités de durée, d'intensité et de vitesse, inhérentes à l'inégalité des deux organismes. Ce concours nécessaire permet donc de concevoir ces deux modes comme deux aspects corrélatifs d'un unique principe encyclopédique, de manière à pouvoir habituellement employer celui qui, en chaque cas, manifestera le mieux les relations considérées, et avec la précieuse faculté

de pouvoir constamment vérifier par l'un ce qui sera résulté de l'autre [1].

<70> La loi fondamentale de cet ordre commun, de dépendance dogmatique et de succession historique, a été complètement établie dans le grand ouvrage ci-dessus indiqué, et dont elle détermine le plan général [2]. Elle consiste à classer les différentes sciences, d'après la nature des phénomènes étudiés, selon leur généralité et leur indépendance décroissantes ou leur complication croissante, d'où résultent des spéculations de moins en moins abstraites et de plus en plus difficiles, mais aussi de plus en plus éminentes et complètes, en vertu de leur relation plus intime à l'homme, ou plutôt à l'humanité, objet final de tout le système théorique. Ce classement tira sa principale valeur philosophique, soit scientifique, soit logique, de l'identité constante et nécessaire qui existe entre tous ces divers modes de comparaison spéculative des phénomèmes naturels, et d'où résultent autant de théorèmes encyclopédiques, dont l'explication et l'usage appartiennent à l'ouvrage cité, qui, en outre, sous le rapport actif, y ajoute cette importante relation générale,

1. Sur l'articulation de l'ordre « dogmatique » et de l'ordre « historique », voir surtout *Cours*, 2e leçon, I, p.50-53.

2. Voir surtout *Cours*, 2e leçon, *passim*.

que les phénomènes deviennent ainsi de plus en plus modifiables, de façon à offrir un domaine de plus en plus vaste à l'intervention humaine. Il suffit ici d'indiquer sommairement l'application de ce grand principe à la détermination rationnelle de la vraie hiérarchie des études fondamentales, directement conçues désormais comme les différents éléments essentiels d'une science unique, celle de l'humanité.

<71> Cet objet final de toutes nos spéculations réelles exige, évidemment, par sa nature, à la fois scientifique et logique, un double préambule indispensable, relatif, d'une part, à l'homme proprement dit, d'une autre part, au monde extérieur. On ne saurait, en effet, étudier rationnellement les phénomènes, statiques ou dynamiques, de la sociabilité, si d'abord on ne connaît suffisamment l'agent spécial qui les opére, et le milieu général où ils s'accomplissent. De là résulte donc la division nécessaire de la philosophie naturelle [1], destinée à préparer la philosophie sociale, en deux grandes branches, l'une organique, l'autre inorganique. Quant à la disposition relative de ces deux études également fondamentales, tous les motifs essentiels, soit scientifiques, soit logiques, concou-

1. A signaler le souci comtien d'articuler le « réel », le « rationnel » et le « naturel ».

rent à prescrire, dans l'éducation individuelle et dans l'évolution collective, de commencer par la seconde, dont les phénomènes, plus simples et plus indépendants, à raison de leur généralité supérieure, comportent seuls d'abord une appréciation vraiment positive, tandis que leurs lois, directement relatives à l'existence universelle, exercent ensuite une influence nécessaire sur l'existence spéciale des corps vivants. L'astronomie constitue nécessairement, à tous égards, l'élément le plus décisif de cette théorie préalable du monde extérieur, soit comme mieux susceptible d'une pleine positivité, soit en tant que caractérisant le milieu général de tous nos phénomènes quelconques, et manifestant, sans aucune autre complication, la simple existence mathématique, c'est-à-dire géométrique ou mécanique, commune à tous les êtres réels. Mais, même quand on condense le plus possible les vraies conceptions encyclopédiques, on ne saurait réduire la philosophie inorganique à cet élément principal, parce qu'elle resterait alors complètement isolée de la philosophie organique. Leur lien fondamental, scientifique et logique, consiste surtout dans la branche la plus complexe de la première, l'étude des phénomènes de composition et de décomposition, les plus éminents de ceux que comporte l'existence universelle, et les plus rapprochés du mode vital proprement dit.

C'est ainsi que la philosophie naturelle, envisagée comme le préambule nécessaire de la philosophie sociale, se décomposant d'abord en deux études extrêmes et une étude intermédiaire, comprend successivement ces trois grandes sciences, l'astronomie, la chimie et la biologie [1], dont la première touche immédiatement à l'origine spontanée du véritable esprit scientifique, et la dernière à sa destination essentielle. Leur essor initial respectif se rapporte, historiquement, à l'antiquité grecque, au moyen âge, et à l'époque moderne.

<72> Une telle appréciation encyclopédique ne remplirait pas encore suffisamment les conditions indispensables de continuité et de spontanéité propres à un tel sujet : d'une part, elle laisse une lacune capitale entre l'astronomie et la chimie,

1. Cette présentation appelle quelques remarques. Elle ne mentionne pas la physique, intégrée plus tard, au § 72, pour combler une « lacune capitale » ; or la « physique » a été pour Comte une sorte de science-modèle et presque toutes les sciences étaient désignées par des expressions la mentionnant : voir *C.P.S.S.*, p.149-150, qui les classent comme « physique céleste », « physique terrestre », « physique végétale », « physique animale », « physique sociale ». Dès le début du *Cours* Comte renonce à la pertinence des expresssions de « physique végétale » et « physique animale » (cf. *Cours*, 2e leçon, I, p.57), puis il remplace « physique sociale » par « sociologie » (47e leçon). La « physique » n'est décidément plus la science-type.

dont la liaison ne saurait être directe ; d'une autre part, elle n'indique pas assez la vraie source de ce système spéculatif, comme un simple prolongement abstrait de la raison commune, dont le point de départ scientifique ne pouvait être directement astronomique. Mais, pour compléter la formule fondamentale, il suffit, en premier lieu, d'y insérer, entre l'astronomie et la chimie, la physique proprement dite, qui n'a pris, en effet, une existence distincte que sous Galilée ; en second lieu, de placer, au début de ce vaste ensemble, la science mathématique [1], seul berceau nécessaire de la positivité rationnelle [2], aussi bien pour l'individu que pour l'espèce. Si, par une application plus spéciale de notre principe encyclopédique, on décompose, à son tour, cette science initiale dans ses trois grandes branches, le calcul, la géométrie, et la mécanique, on détermine enfin, avec la

1. Comte emploie l'expression au singulier « pour indiquer avec plus d'énergie l'esprit d'unité dans lequel (il) conçoit la science » (*Cours*, 3e leçon, I, p.66 note).

2. Dans tout le *Cours* Comte revient souvent sur la désignation de la science mathématique comme « source », « origine », lieu de « formation primitive » de l'esprit positif ; – cf. par exemple, 3e leçon, I, p.70, 28e leçon, I, p. 451-452, 40e leçon, I, p. 726 ... Mais il est faux d'en déduire que les mathématiques sont pour Comte la science-modèle, car il met souvent en garde contre l'impérialisme mathématique : « on n'oubliera pas qu'un berceau ne saurait être un trône » *Cours*, 58e leçon, II, p. 718.

dernière précision philosophique, la véritable origine de tout le système scientifique, d'abord issu, en effet, des spéculations purement numériques, qui étant, de toutes, les plus générales, les plus simples, les plus abstraites et les plus indépendantes, se confondent presque avec l'élan spontané de l'esprit positif chez les plus vulgaires intelligences, comme le confirme encore, sous nos yeux, l'observation journalière de l'essor individuel.

<73> On parvient ainsi graduellement à découvrir l'invariable hiérarchie, à la fois historique et dogmatique, également scientifique et logique, des six sciences fondamentales, la mathématique, l'astronomie, la physique, la chimie, la biologie et la sociologie, dont la première constitue nécessairement le point de départ exclusif et la dernière le seul but essentiel de toute la philosophie positive, envisagée désormais comme formant, par sa nature, un système vraiment indivisible, où toute décomposition est radicalement artificielle, sans être d'ailleurs nullement arbitraire, tout s'y rapportant finalement à l'humanité, unique conception pleinement universelle. L'ensemble de cette formule encyclopédique, exactement conforme aux vraies affinités des études correspondantes, et qui d'ailleurs comprend évidemment tous les éléments

de nos spéculations réelles, permet enfin à chaque intelligence de renouveler à son gré l'histoire générale de l'esprit positif, en passant, d'une manière presque insensible, des moindres idées mathématiques aux plus hautes pensées sociales. Il est clair, en effet, que chacune des quatre sciences intermédiaires se confond, pour ainsi dire, avec la précédente quant à ses plus simples phénomènes, et avec la suivante quant aux plus éminents. Cette parfaite continuité spontanée deviendra surtout irrécusable à tous ceux qui reconnaîtront, dans l'ouvrage ci-dessus indiqué, que le même principe encyclopédique fournit aussi le classement rationnel des diverses parties constituantes de chaque étude fondamentale, en sorte que les degrés dogmatiques et les phases historiques peuvent se rapprocher autant que l'exige la précision des comparaisons ou la facilité des transitions.

<74> Dans l'état présent des intelligences, l'application logique de cette grande formule est encore plus importante que son usage scientifique, la méthode étant, de nos jours, plus essentielle que la doctrine elle-même, et d'ailleurs seule immédiatement susceptible d'une pleine régénération [1]. Sa principale utilité consiste donc aujourd'hui à

1. Cf. *supra* § 44.

déterminer rigoureusement la marche invariable de toute éducation vraiment positive, au milieu des préjugés irrationnels et des vicieuses habitudes propres à l'essor préliminaire du système scientifique, ainsi graduellement formé de théories partielles et incohérentes, dont les relations mutuelles devaient jusqu'ici rester inaperçues de leurs fondateurs successifs. Toutes les classes actuelles de savants violent maintenant, avec une égale gravité, quoiqu'à divers titres, cette obligation fondamentale. En se bornant ici à indiquer les deux cas extrêmes, les géomètres, justement fiers d'être placés à la vraie source de la positivité rationnelle, s'obstinent aveuglément à retenir l'esprit humain dans ce degré purement initial du véritable essor spéculatif, sans jamais considérer son unique but nécessaire ; au contraire, les biologistes, préconisant, à bon droit, la dignité supérieure de leur sujet, immédiatement voisin de cette grande destination, persistent à tenir leurs études dans un irrationnel isolement, en s'affranchissant arbitrairement de la difficile préparation qu'exige leur nature. Ces dispositions opposées, mais également empiriques, conduisent trop souvent aujourd'hui, chez les uns, à une vaine déperdition d'efforts intellectuels, désormais consumés, en majeure partie, en recherches de plus en plus puériles ; chez les autres, à une instabilité continue des diverses notions essentielles, faute d'une marche vraiment positive. Sous ce dernier aspect surtout, on doit remarquer, en effet, que les études sociales ne sont pas maintenant les seules restées encore extérieures au système pleinement positif, sous la stérile domination de l'esprit théologico-métaphysique ; au fond, les études biologiques elles-mêmes, surtout dynamiques [1], quoiqu'elles soient académiquement constituées, n'ont pas non plus atteint jusqu'ici à une vraie positivité, puisque aucune doctrine capitale n'y est aujourd'hui suffisamment ébauchée, en sorte que le champ des illusions et des jongleries y demeure encore presque indéfini [2]. Or, la déplorable prolongation d'une telle situation tient essentiellement, en l'un et l'autre cas, à l'insuffisant accomplissement des grandes conditions logiques déterminées par notre loi encyclopédique : car, personne n'y conteste plus, depuis longtemps, la nécessité d'une marche positive ; mais tous en méconnaissent la nature et les obligations, que peut seule caractériser la vraie hiérarchie scienti-

1. La biologie « dynamique » correspond à la « physiologie » et comprend les études de la vie organique et de la vie animale : voir *Cours*, 40e leçon, I, p. 743-746.

2. Voir dans le *Cours* tout le soin mis par Comte à définir la notion de « vie » : cf. 40e leçon, I, p. 675 et sq.

fique. Qu'attendre, en effet, soit envers les phénomènes sociaux, soit même envers l'étude, plus simple, de la vie individuelle, d'une culture qui aborde directement des spéculations aussi complexes, sans s'y être dignement préparée par une saine appréciation des méthodes et des doctrines relatives aux divers phénomènes moins compliqués et plus généraux, de manière à ne pouvoir suffisamment connaître ni la logique inductive, principalement caractérisée, à l'état rudimentaire, par la chimie, la physique, et d'abord l'astronomie, ni même la pure logique déductive, ou l'art élémentaire du raisonnement décisif, que l'initiation mathématique peut seule développer convenablement ?

<75> Pour faciliter l'usage habituel de notre formule hiérarchique, il convient beaucoup, quand on n'a pas besoin d'une grande précision encyclopédique, d'y grouper les termes deux à deux, de façon à la réduire à trois couples, l'un initial, mathématico-astronomique, l'autre final, biologico-sociologique, séparés et réunis par le couple intermédiaire, physico-chimique [1]. Cette heureuse condensation résulte d'une irrécusable appréciation, puisqu'il existe, en effet, une plus

1. Ces regroupements étaient esquissés dans *Cours*, 58e leçon, II, p.700-701.

grande affinité naturelle, soit scientifique, soit logique, entre les deux éléments de chaque couple qu'entre les couples consécutifs eux-mêmes ; comme le confirme souvent la difficulté qu'on éprouve à séparer nettement la mathématique de l'astronomie, et la physique de la chimie, par suite des habitudes vagues qui dominent encore envers toutes les pensées d'ensemble ; la biologie et la sociologie surtout continuent à se confondre presque, chez la plupart des penseurs actuels. Sans aller jamais jusqu'à ces vicieuses confusions, qui altéreraient radicalement les transitions encyclopédiques [1], il sera fréquemment utile de réduire ainsi la hiérarchie élémentaire des spéculations réelles à trois couples essentiels, dont chacun pourra d'ailleurs être brièvement désigné d'après son élément le plus spécial, qui est toujours effectivement le plus caractéristique, et le plus propre à définir les grandes phases de l'évolution positive, individuelle ou collective.

<76> Cette sommaire appréciation suffit ici pour indiquer la destination et signaler l'importance d'une telle loi encyclopédique, où réside finalement l'une des deux idées mères dont

1. Comte a très tôt protesté contre ceux qui ont cru rendre positive la science sociale « en la ramenant à être une simple conséquence directe de la physiologie » cf. *Plan*, p.125-129.

l'intime combinaison spontanée constitue nécessairement la base systématique de la nouvelle philosophie générale. La terminaison de ce long discours, où le véritable esprit positif a été caractérisé sous tous les aspects essentiels, se rapproche ainsi de son début, puisque cette théorie de classement doit être envisagée, en dernier lieu, comme naturellement inséparable de la théorie d'évolution exposée d'abord ; en sorte que le discours actuel forme lui-même un véritable ensemble, image fidèle, quoique très contractée, d'un vaste système [1]. Il est aisé de comprendre, en effet, que la considération habituelle d'une telle hiérarchie doit devenir indispensable, soit pour appliquer convenablement notre loi initiale des trois états, soit pour dissiper suffisamment les seules objections sérieuses qu'elle puisse comporter ; car, la fréquente simultanéité historique des trois grandes phases mentales envers des spéculations différentes constituerait, de toute autre manière, une inexplicable anomalie, que résout, au contraire, spontanément, notre loi hiérarchique, aussi relative à la succession qu'à la dépendance des diverses études positives. On conçoit

1. A souligner l'insistance de Comte sur son ordonnance sytématique cf. nos notes sur le § 1 et voir aussi *supra* § 73.

pareillement, en sens inverse, que la règle du classement suppose celle de l'évolution, puisque tous les motifs essentiels de l'ordre ainsi établi résultent, au fond, de l'inégale rapidité d'un tel développement chez les différentes sciences fondamentales.

<77> La combinaison rationnelle de ces deux idées mères, en constituant l'unité nécessaire du système scientifique, dont toutes les parties concourent de plus en plus à une même fin, assure aussi, d'une autre part, la juste indépendance des divers éléments principaux, trop souvent altérée encore par de vicieux rapprochements. Dans son essor préliminaire, seul accompli jusqu'ici, l'esprit positif ayant dû ainsi s'étendre graduellement des études inférieures aux études supérieures, celles-ci ont été inévitablement exposées à l'oppressive invasion des premières, contre l'ascendant desquelles leur indispensable originalité ne trouvait d'abord de garantie que d'après une prolongation exagérée de la tutelle théologico-métaphysique. Cette déplorable fluctuation, très sensible encore envers la science des corps vivants, caractérise aujourd'hui ce que contiennent de réel, au fond, les longues controverses, d'ailleurs si vaines à tout autre égard, entre

le matérialisme et le spiritualisme [1], représentant, d'une manière provisoire, sous des formes également vicieuses, les besoins, également graves, quoique malheureusement opposés jusqu'ici, de la réalité et de la dignité de nos spéculations quelconques. Parvenu désormais à sa maturité systématique, l'esprit positif dissipe à la fois ces deux ordres d'aberrations en terminant ces stériles conflits, par la satisfaction simultanée de ces deux conditions vicieusement contraires, comme l'indique aussitôt notre hiérarchie scientifique combinée avec notre loi d'évolution, puisque chaque science ne peut parvenir à une vraie positivité qu'autant que l'originalité de son caractère propre est pleinement consolidée.

<78> Une application directe de cette théorie encyclopédique, à la fois scientifique et logique, nous conduit enfin à définir exactement la nature et la destination de l'enseignement spécial auquel ce traité est consacré. Il résulte, en effet, des explications précédentes, que la principale efficacité, d'abord mentale, puis sociale, que nous devons aujourd'hui chercher dans une sage propa-

1. Les deux termes sont mis en italiques dans l'édition de 1898, en référence à l'insistance de Comte, dans d'autres textes, sur le fait que le positivisme dépasse ces positions : cf. par exemple *Système*, I, *D.P.*, p.50-55, 439 ; *Catéchisme*, 2e entretien.

gation universelle des études positives, dépend nécessairement d'une stricte observance didactique de la loi hiérarchique. Pour chaque rapide initiation individuelle, comme pour la lente initiation collective, il restera toujours indispensable que l'esprit positif, développant son régime à mesure qu'il agrandit son domaine, s'élève peu à peu de l'état mathématique initial à l'état sociologique final, en parcourant successivement les quatre degrés intermédiaires, astronomique, physique, chimique et biologique. Aucune supériorité personnelle ne peut vraiment dispenser de cette gradation fondamentale, au sujet de laquelle on n'a que trop l'occasion de constater aujourd'hui, chez de hautes intelligences, une irréparable lacune, qui a quelquefois neutralisé d'éminents efforts philosophiques. Une telle marche doit donc devenir encore plus indispensable dans l'éducation universelle, où les spécialités ont peu d'importance, et dont la principale utilité, plus logique que scientifique, exige essentiellement une pleine rationalité, surtout quand il s'agit de constituer enfin le vrai régime mental. Ainsi, cet enseignement populaire doit aujourd'hui se rapporter principalement au couple scientifique initial, jusqu'à ce qu'il se trouve convenablement vulgarisé. C'est là que tous doivent d'abord puiser les vraies notions élémentaires de sa positivité générale, en acquérant les connaissances qui servent de base à toutes les autres spéculations réelles. Quoique cette stricte obligation conduise nécessairement à placer au début les études purement mathématiques, il faut pourtant considérer qu'il ne s'agit pas encore d'établir une systématisation directe et complète de l'instruction populaire, mais seulement d'imprimer convenablement l'impulsion philosophique qui doit y conduire. Dès lors, on reconnaît aisément qu'un tel mouvement doit surtout dépendre des études astronomiques, qui, par leur nature, offrent nécessairement la pleine manifestation du véritable esprit mathématique, dont elles constituent, au fond, la principale destination [1]. Il y a d'autant moins d'inconvénients actuels à caractériser ainsi le couple initial par la seule astronomie, que les connaissances mathématiques vraiment indispensables à sa judicieuse vulgarisation sont déjà assez répandues ou assez faciles à acquérir pour qu'on puisse aujourd'hui se borner à les supposer résultées d'une préparation spontanée.

<79> Cette prépondérance nécessaire de la science astronomique dans la première propaga-

1. Par contre, plus tard, lorsque Comte reprend son parcours encyclopédique selon l'ordre de la *Synthèse subjective*, il recommence par l'étude des mathématiques – ce tome reste d'ailleurs le seul publié.

tion systématique de l'initiation positive est pleinement conforme à l'influence historique d'une telle étude, principal moteur jusqu'ici des grandes révolutions intellectuelles. Le sentiment fondamental de l'invariabilité des lois naturelles devait, en effet, se développer d'abord envers les phénomènes les plus simples et les plus généraux, dont la régularité et la grandeur supérieure nous manifestent le seul ordre réel qui soit complètement indépendant de toute modification humaine. Avant même de comporter encore aucun caractère vraiment scientifique, cette classe de conceptions a surtout déterminé le passage décisif du fétichisme au polythéisme, partout résulté du culte des astres. Sa première ébauche mathématique, dans les écoles de Thalès et de Pythagore, a constitué ensuite la principale source mentale de la décadence du polythéisme et de l'ascendant du monothéisme. Enfin, l'essor systématique de la positivité moderne, tendant ouvertement à un nouveau régime philosophique, est essentiellement résulté de la grande rénovation astronomique commencée par Copernic, Képler et Galilée [1]. Il faut donc peu

1. Tous ces personnages ont des places de choix dans le *Calendrier positiviste*. Thalès et Pythagore ont droit à des dimanches du mois de « La Philosophie ancienne » ; Copernic, Képler et Galilée sont fêtés dans la première

s'étonner que l'universelle initiation positive, sur laquelle doit s'appuyer l'avènement direct de la philosophie définitive, se trouve aussi dépendre d'abord d'une telle étude, d'après la conformité nécessaire de l'éducation individuelle à l'évolution collective. C'est là, sans doute, le dernier office fondamental qui doive lui être propre dans le développement général de la raison humaine, qui, une fois parvenue chez tous à une vraie positivité, devra marcher ensuite sous une nouvelle impulsion philosophique, directement émanée de la science finale, dès lors investie à jamais de sa présidence normale. Telle est l'éminente utilité, non moins sociale que mentale, qu'il s'agit ici de retirer enfin d'une judicieuse exposition populaire du système actuel des saines études astronomiques.

semaine du mois de « La Science mosderne » – Galilée préside le dimanche.

TABLE ANALYTIQUE DU *DISCOURS SUR L'ESPRIT POSITIF*

(ÉTABLIE PAR LES DISCIPLES POSITIVISTES POUR L'ÉDITION DU CENTENAIRE)

Alinéas

Objet de ce discours ..... § 1

PREMIÈRE PARTIE

Supériorité mentale de l'Esprit positif.

CHAPITRE PREMIER

LOI DE L'ÉVOLUTION INTELLECTUELLE DE L'HUMANITÉ OU LOI DES TROIS ÉTATS § 2

I. — *État théologique ou fictif* ..... § 3
1re phase. — Fétichisme ..... § 4
2e — Polythéisme ..... § 5
3e — Monothéisme ..... § 6
Son rôle mental ..... § 7
Son rôle social ..... § 8
II. — *État métaphysique ou abstrait.*
Nécessité de cet état intermédiaire ..... § 9
Sa nature purement critique ..... § 10
Son rôle historique : dissoudre l'ordre existant ..... § 11
III. — *État positif ou réel.*
1. Son caractère fondamental : établissement des lois naturelles, ou subordination constante de l'imagination à l'observation ..... § 12

2. Nature relative de l'esprit positif :
1° Par rapport à notre organisation ..... § 13
2° Par rapport à l'évolution sociale ..... § 14
3. Destination des Lois positives : la Prévision est le but de toute science ..... § 15
4. La notion universelle de Loi est le résultat d'une longue et lente évolution de l'Humanité ..... § 16

CHAPITRE DEUXIÈME

DESTINATION DE L'ESPRIT POSITIF.

Cette destination est double : mentale et sociale..... § 17
I. — *Constitution de l'harmonie mentale.*
1. Constituer l'unité de chaque entendement, en rendant nos diverses conceptions continues et homogènes. Des deux sortes de lois..... § 18
2. L'Unité mentale ne peut être objective, c'est-à-dire rapportée à l'univers, comme le prétend le Matérialisme ..... § 19
3. L'Unité mentale est subjective : en rapportant toutes nos conceptions à l'Humanité, l'unité devient plus complète et plus stable qu'en rapportant tout à Dieu ..... § 20
4. La science de l'Humanité est la seule qui puisse systématiser la société et fonder l'unité finale du genre humain ..... § 21
II. — *Harmonie entre la Science et l'Art.*
1. La Science organise l'Art, conçu comme l'action rationnelle de l'homme sur la nature, non seulement inorganique et biologique, mais surtout politique et morale ..... § 22
2. La destination sociale détermine, précise, et complète la recherche des Lois ..... § 23
3. La vie industrielle seconde, directement par son objet, indirectement par son caractère antithéologique, la substitution de la foi positive à la foi théologique § 24

III. — *Incompatibilité de la Science avec la Théologie.*
1. Cette incompatibilité, implicite d'abord, et toujours radicale est à la fois logique et doctrinale..... § 25
2. Cette opposition ne s'est manifestée qu'au fur et à mesure de l'évolution : c'est la Science qui a été l'agent des transformations qui ont réduit le théologisme au monothéisme..... § 26
3. Cette opposition s'est finalement étendue au monothéisme lui-même, que la science remplace dans son double office mental et social..... § 27
4. Manifestation décisive de l'ascendant de l'esprit positif : transaction métaphysique associant la Nature à Dieu, les Lois aux Volontés..... § 28
5. Autre manifestation : La substitution du principe des conditions d'existence au dogme des causes finales, fait ressortir, de plus en plus, l'imperfection de l'ordre réel, dont l'amélioration constitue le but joiurnalier de l'activité humaine ..... § 29

CHAPITRE TROISIÈME

SOLIDARITÉ DE L'ESPRIT POSITIF ET DU BON SENS

I. — *Des attributs de l'Esprit positif.*
1. Les atrributs de la véritable philosophie sont résumés dans les diverses acceptions du mot *Positif.* § 30
2. Des quatre caractères généraux — réalité, utilité, certitude, précision, — qui distinguent l'esprit positif de tous les autres modes philosophiques..... § 31
3. Du caractère organique, qui le distingue essentiellement de l'esprit métaphysique..... § 32
4. Du caractère relatif qui, lié avec le précédent, rend conciliante en fait une doctrine inflexible en principe . § 33
II. — *De l'origine de l'Esprit positif.*
1. Identité fondamentale, et différence essentielle, entre l'esprit positif et le bon sens universel..... § 34
2. Les spéculations positives puisent dans la raison commune leurs premiers principes, qu'elles sont

destinées à rendre généraux et cohérents. La méthode ne doit jamais être séparée de la doctrine ..... § 35
3. L'esprit positif est résulté partout, par extension aux divers ordres de phénomènes, de la réaction spéciale de la raison pratique, ou concrète, sur la raison théorique, ou abstraite. La fondation de la philosophie positive remonte au XVIIe siècle..... § 36
4. L'harmonie finale entre la Science et le bon sens exigeait une double tâche : 1° rendre positives les sciences sociale et morale ; 2° systématiser l'ensemble des conceptions positives par la notion de l'Humanité. *Le Système de philosophie positive* a eu pour but de satisfaire à ce double programme ..... § 37

DEUXIÈME PARTIE

Supériorité Sociale de l'Esprit positif.

Destination sociale..... § 38

CHAPITRE PREMIER

SON APTITUDE À ORGANISER LA RÉVOLUTION PAR LA CONCILIATION DE L'ORDRE ET DU PROGRÈS

I. — *Impuissance des Écoles actuelles à y satisfaire.*
1. Conception positive de la Grande crise (Révolution de 1789) ..... § 39
2. Situation actuelle (Révolution de 1830). Insuffisance et impuissance de l'École rétrograde et de l'École négative..... § 40
3. École intermédiaire, ou conciliation empirique des deux écoles antagonistes (*Liberté, Ordre public*) ; d'où *statu quo* politique et pleine liberté philosophique..... § 41
II. — *Conciliation positive de l'Ordre et du Progrès.*
1. L'École positive institue l'état normal ..... § 42

2. En un sujet quelconque, l'esprit positif fait de l'Ordre la condition du Progrès, et du Progrès le but nécessaire de l'Ordre..... § 43
3. Point de vue de l'Ordre. L'esprit positif régénère d'abord les méthodes, en présentant les questions dominantes comme étant surtout morales, et subordonnées à la connaissance du passé et aux principales conceptions positives. Il représente toujours l'ordre artificiel ou légal comme le simple prolongement de l'ordre naturel ..... § 44
4. Point de vue du Progrès. La philosophie positive a pour dogme fondamental le perfectionnement continu de notre situation et de notre nature, de façon à faire prévaloir l'idéale prépondérance de l'intelligence et de la sociabilité, c'est-à-dire de notre humanité sur notre animalité ..... § 45
5. Épreuve décisive de la supériorité de l'esprit positif. Il explique l'ensemble du passé humain : toutes les époques historiques sont autant de phases déterminées d'une même évolution fondamentale, et chacune résulte de la précédente et prépare la suivante, suivant des lois invariables ..... § 46

CHAPITRE DEUXIÈME

SYSTÉMATISATION DE LA MORALE HUMAINE

1. Un système de morale constitue la principale application de toute vraie théorie de l'Humanité..... § 47

I. — *De l'évolution de la morale positive.*

2. Évolution de la morale théorique positive. Les grands résultats dus au catholicisme sont, de plus en plus, compromis par son dogme, antipathique à la raison moderne ..... § 48
3. Loi d'évolution des règles morales : leur consécration d'abord théologique devient finalement rationnelle et positive. C'est ce résultat qu'il faut généraliser : l'Humanité ne peut être condamnée à ne

pouvoir fonder ses règles de conduite que sur des motifs chimériques..... § 49

II. — *Nécessité de rendre la morale indépendante des opinions théologiques quelconques.*

1. Loin de consolider les règles morales, leur liaison avec la théologie leur devient, de plus en plus, nuisible : par son impuissance à les faire respecter ; par les divagations qu'elle suscite ; par l'obstacle qu'elle apporte à l'avènement d'une morale purement humaine ..... § 50

2. Malgré la décadence théologique, il y a eu amélioration de la moralité pratique, grâce à l'ascendant de l'esprit positif et à l'appui de la raison commune. Exemples : impopularité du divorce ; les soldats de la Révolution opposés aux Vendéens..... § 51

3. Le système d'hypocrisie collective (jésuitisme), sanctionné par Kant, consacre la déchéance du théologisme. Ce pieux complot est aussi inutile, vu l'émancipation croissante, qu'il est impuissant à diriger les esprits actifs ..... § 52

III. — *Nécessité d'un pouvoir spirituel positif.*

1. C'est surtout au nom de la morale que s'impose l'ascendant universel de l'esprit positif, destiné à combiner l'énergique impulsion des préjugés publics avec l'intervention systématique d'un nouveau pouvoir spirituel..... § 53

CHAPITRE TROISIÈME

ESSOR UNIVERSEL DU SENTIMENT SOCIAL.

1. L'esprit positif stimule et consolide le sentiment du devoir ..... § 54

I. — *Nature personnelle de l'ancien régime moral.*

2. L'égoïsme de la morale métaphysique dérive de la théologie, qui, de sa nature, est essentiellement individuelle, et jamais directement collective. Faire *son* salut est le but..... § 55

II. — *Nature altruiste de la morale positive.*
3. L'esprit positif, qui conçoit l'Humanité comme le seul être réel, est directement social. La vie active, sans cesse dirigée vers le bien public, ne peut se prolonger que par l'espèce, seule vie future que comporte l'existence individuelle..... § 56

TROISIÈME PARTIE

Conditions d'avènement de l'École positive.

(ALLIANCE DES PROLÉTAIRES ET DES PHILOSOPHES.)

CHAPITRE PREMIER

INSTITUTION D'UN ENSEIGNEMENT POPULAIRE SUPÉRIEUR.

I. — *Des dispositions du milieu actuel.*
1. Dispositions favorables, de plus en plus, à la prépondérance de l'École positive, par la substitution d'un immense mouvement mental à une stérile agitation politique ..... § 57
2. Des obstacles à son avènement, dus à la résistances des esprits actifs théologiques, et métaphysiques, et des savants proprement dits..... § 58
II. — *Nécessité d'une éducation universelle.*
1. De la nécessité d'une éducation qui propage les principales études positives, pour régénérer l'esprit scientifique actuel, et servir de base à l'opinion publique..... § 59
2. Cette éducation, à l'exemple de l'instruction chrétienne, doit avoir en vue l'universalité des intelligences..... § 60
III. — *Destination essentiellement populaire de l'instruction positive.*
1. Cette instruction est surtout destinée aux prolétaires..... § 61

2. Les prolétaires y sont surtout préparés en raison de leur non-participation à notre absurde système d'éducation générale ..... § 62
3. L'inclination des prolétaires vers la philosophie positive résulte de sa destination sociale, et de la nature de leurs travaux (séparation ou entrepreneurs et opérateurs) ; leur condition les rapproche des philosophes au double point de vue intellectuel et moral..... § 63
4. Des avantages moraux de l'éducation positive. La disposition au déclassement universel résulte essentiellement de l'instruction littéraire ..... § 64

CHAPITRE DEUXIÈME

INSTITUTION D'UNE POLITIQUE SPÉCIALEMENT POPULAIRE.

I. — *De la politique populaire.*
1. Les études positives sont liées directement au programme social des prolétaires..... § 65
2. Nature de l'intervention politique des prolétaires : elle est surtout morale ou spirituelle, et consiste à remplacer la vaine et orageuse discussion des droits par une féconde et salutaire appréciation des devoirs. — Assurer convenablement à tous, d'abord l'éducation normale, puis le travail régulier : tel est au fond le vrai programme social des prolétaires. La solution de ce double problème est le but de la philosophie et de la politique positives ..... § 66
II. — *De l'attitude qui convient aux gouvernements.*
1. L'éducation populaire s'institue indépendamment du pouvoir temporel, qui doit à l'École positive une pleine liberté et l'usage des locaux municipaux..... § 67

CHAPITRE TROISIÈME

DE L'ORDRE NÉCESSAIRE PROPRE AUX ÉTUDES POSITIVES.

I. — *Loi universelle de classement.*
1. Importance de cet ordre pour l'efficacité mentale et sociale des études positives ..... § 68
2. Des deux conditions imposées à cet ordre nécessaire : l'individu répète l'espèce ..... § 69
3. Loi fondamentale de l'ordre de classement des divers éléments de la science de l'Humanité ..... § 70

II. — *Loi encyclopédique ou Hiérarchie des sciences.*
1. Première division de la philosophie naturelle : Astronomie, Chimie, Biologie..... § 71
2. Double complément de cette formule fondamentale : l'Astronomie doit être suivie de la Physique et précédée de la Mathématique (calcul, géométrie, mécanique) ..... § 72
3. Formule encyclopédique ou Hiérarchie des sciences : elle permet à chaque intelligence de renouveler à son gré l'histoire générale de l'esprit positif. § 73
4. Cet ordre est la marche invariable que doit suivre toute éducation vraiment positive. Des vicieuses dispositions logiques des savants actuels ..... § 74
5. Condensation de la formule encyclopédique : Étude du Monde, de la Terre et de l'Homme ..... § 75

III. — *Importance de la Loi encyclopédique.*
1. La théorie de classement est le complément inséparable de la loi des trois états : elle explique, sans arbitraire, la simultanéité de ces états successifs chez un même esprit ..... § 76
2. Cette loi assure l'indépendance des divers éléments scientifiques, dont elle garantit la réalité, sans recourir au matérialisme, et la dignité, sans invoquer le spiritualisme ..... § 77

CONCLUSION

Application à l'enseignement spécial de l'Astronomie.

1. L'enseignement populaire doit se rapporter à l'astronomie, jusqu'au jour où l'enseignement systématique et complet sera devenu opportun ..... § 78
2. L'utilité de cette science est liée à son influence historique ; c'est l'astronomie qui, avant la sociologie, a été le principal moteur des grandes révolutions intellectuelles de l'Humanité ..... § 79

TABLE DES MATIÈRES

Chronologie 7
Introduction 13
I. Du *Cours* au « Manifeste systématique de la nouvelle école » 15
II. Une sélection et un programme 23
III. Le devenir du texte 29

Note sur la présente édition 33
Editions de références utilisées et abréviations .. 36

DISCOURS SUR L'ESPRIT POSITIF 39

Table analytique de 1898 245

Table des matières 255

ACHEVÉ D'IMPRIMER
EN OCTOBRE 2003
PAR L'IMPRIMERIE
DE LA MANUTENTION
A MAYENNE
FRANCE
N° 267-03

Dépôt légal : 4e trimestre 2003